पावर कैपेसिटर

POWER CAPACITOR

रनवीर सिंह

समर्पण

यह पुस्तक लेख उन लेखकों एवं संस्थानों के प्रति हार्दिक आभार व्यक्त करता है जिनके योगदान/लेखन को पूर्ण या आंशिक रूप से इस लेखन सामग्री में संयोजित किया गया है । विद्युत विभाग के सेवाकाल अनुभव और सेवा निवृति उपरान्त प्रशिक्षुकों के अनुरोध पर यह लेखन सामग्री संकलित की है, जिसका एकमात्र उद्देश्य केवल पूर्णत प्रशिक्षण तथा वास्तविक ज्ञान के सदुपयोग के लिए समर्पण है । विशेषकर उपकेन्द्र पदस्थ ऑपरेटर कर्मचारी अपनी भूमिका निष्ठा पूर्वक निभाकर एक योगदान करें इसलिए उनको भी समर्पण है ।

क्रम-सूची

प्रस्तावना

प्रस्तावना - पावर कैपेसिटर

पावर कैपेसिटर बैंक में मूलत: दो शब्द कैपेसिटर और बैंक हैं । पहले कैपेसिटर पर चर्चा करते हैं –

विद्युत (बिजली) धारा (इलेक्ट्रिक करेंट) दो प्रकार की होती है - एसी (अल्टर्नेटिंग करेंट – प्रत्यावर्ती धारा) और डीसी (डायरेक्ट करेंट – एकदिश धारा) तथा सिंगल फेज (एकल फेज) और थ्री फेज (तीन फेज) विद्युत (बिजली) आपूर्ति (सप्लाई) की जाती है ।

एसी परिपथ (सर्किट) में आर (R), एल (L), सी (C) (आर – रजिस्टेंस, एल – इन्डकटेन्स, सी – कैपेसिटेंस), अवयव (एलीमेन्ट) होते हैं । इन्हें इम्पीडेंस (Z = R+L+C) कहते हैं । इम्पीडेंस को हिन्दी में प्रतिबाधा कहते है । प्रतिबाधा की इकाई ओम है । सूत्र – इम्पीडेंस (Z = R+L+C) = इम्पीडेंस (Z) = (वोल्ट/करेंट) = (V/I).

डीसी परिपथ (सर्किट) में रजिस्टेंस आर (R) अवयव (एलीमेन्ट) होता है । इसे रजिस्टेंस कहते हैं । रजिस्टेंस को हिन्दी में प्रतिरोध कहते हैं । प्रतिरोध की इकाई ओम है । सूत्र – रजिस्टेंस = प्रतिरोध = आर (R) = (वोल्ट/करेंट) = (V/I).

कहने का आशय यह है कि एल – इन्डकटेन्स, और सी – कैपेसिटेंस अवयव (एलीमेन्ट) डीसी आपूर्ति (सप्लाई) में नहीं होते हैं ।

कैपेसिटर एक ऐसी डिवाइस है जो अपने अन्दर चार्ज को स्टोर कर सकती है और जरूरत पड़ने पर उसे वापस भी कर सकती है । इसमें कम से कम दो प्लेटे होती है। जिनका क्षेत्रफल उस कैपेसिटर के कैपिस्टेन्स के ऊपर कार्य करता है। दोनों प्लेटो के बीच में एक इन्सुलेटिड मैटीरियल भरा जाता है। इस इन्सुलेटर की मोटाई भी कैपेसिटर के कैपेसिटेन्स को प्रभावित करती है इसके अलावा भरे जाने वाले इन्सुलेटर के इन्सुलेशन पर भी निर्भर करती है। किसी भी कैपेसिटर के कैपेसिटेन्स की इकाई फैराडे होती है फैराडे एक बहुत बड़ी इकाई है इसलिए इसकी कुछ छोटी इकाई इस्तेमाल की जाती है। यद्यपि पावर क्षेत्र में इकाई केवीएआर में होती है ।

वैसे तो किसी अचालक (कुचालक) से पृथक किये गये दो चालको के बीच कैपेसिटी होते है परन्तु जब दो या अधिक चालक प्लेटो को अचालक (कुचालक) के साथ संयोजित करके एक पुर्जे का रूप दे दिया जाता है जो निश्चित कैपेसिटेन्स प्रस्तुत करे तो उसे कैपेसिटर कहते है। इलैक्ट्रोनिक सर्किट में रेसिस्टर्स था इन्डक्टर्स की भांति ही कैपेसिटर भी बहुत उपयोगी पुर्जा है । इसका उपयोग एम्प्लीफायर्स, ऑसिलेटर्स फ़िल्टर सर्किट्स तथा अनेक प्रकार के अन्य इलैक्ट्रोनिक सर्किट्स में किया जाता है।

कैपेसिटर(Capacitor) एक पेसिव कम्पोनेंट (पेसिव कम्पोनेंटPassive Component वह होते है, जो पावर को उत्पन्न नहीं करते है बल्कि उन्हें स्टोर करते है या फिर छोड़ते है।)होता है, जिसको कंडेंसर (Condenser) के नाम से भी जाना जाता है।

यह इलेक्ट्रिकल एनर्जी (Electrical Energy) को इलेक्ट्रोस्टेटिक (Electrostatic) की फॉर्म में स्टोर करता है, इसके अलावा यह फ़िल्टर (Filter) का भी काम करता है।

कैपेसिटर्स का वर्गीकरण कार्य के आधार पर किया जाता है जो निम्न है –

स्थिर (फिक्स्ड) कैपेसिटर्स - जिन कैपेसिटर्स की कैपेसिटी स्थिर होती है अर्थात घटाई–बढाई नही जा सकती वे स्थिर कैपेसिटर्स कहलाते हैं । जैसे पेपर, माइक, इलेक्ट्रोलाइट आदि।

समायोजनीय (एडजस्टेबिल) कैपसिटर्स– जिन कैपेसिटर्स की कैपेसिटी किसी स्क्रू–ड्राइवर की सहायता से परिवर्तित करके आवश्यक मान पर सैट की जा सकती है वे समायोजनीय कैपेसिटर्स कहलाते है, जैसे – ट्रिमर, पैडर, आदि।

परिवर्तनीय (वेरिएबिल) कैपेसिटर्स - जिन कैपेसिटर्स का मान किसी शाफ़्ट द्वारा सरलता से उसके अधिकतम तथा न्यूनतम मान के बीच कही भी सैट किया जा सकता है। वे परिवर्तनीय कैपेसिटर कहलाते है। जैसे गैंग कैपेसिटर

कैपेसिटर के प्रकार - जैसे

एयर कैपेसिटर, माइका कैपेसिटर, पेपर कैपेसिटर, इलेक्ट्रोलायटिक कैपेसिटर, सेरेमिक कैपेसिटर- पेपर कैपेसिटर की तरह यह भी फिक्स्ड टाइप के होते है, प्लास्टिक फिल्म कैपेसिटर,

कैपेसिटर के उपयोग

- इसका उपयोग इलेक्ट्रिकल चार्ज को स्टोर करता है और आवश्यकता पड़ने पर स्टोर चार्ज को रिलीज़ कर देता है।
- कैपेसिटर डीसी (D.C.) को ब्लॉक करता है और एसी (A.C.) को पास करता है। इस तरह कैपेसिटर फ़िल्टर के रूप मे भी कार्य करता है।
- कैपेसिटर को सर्किट में लगाने से सर्किट में उत्पन्न वोल्टेज उतारचढ़ाव को कम किया जा सकता है।
- एक इलेक्ट्रॉनिक सर्किट को दूसरे इलेक्ट्रॉनिक सर्किट से कनेक्ट करने के लिए भी कैपेसिटर का उपयोग किया जाता है, जिसे कपलिंग कैपेसिटर (Coupling Capacitor) भी कहा जाता है।

कैपेसिटर को हम कंडेसर भी कहते हैं -

- पावर फेक्टर सुधार (Power Factor Correction) में कैपेसिटर का उपयोग होता है।
- घर के फैन (fan) और अन्य जगह कैपेसिटर का उपयोग होता है।
- त्युनड सर्किट (Tuned circuit) में कैपेसिटर का उपयोग होता है।

- सेल्फ डिफेंस (Self defense) के लिए गजेट्स (gadgets) में कैपेसिटर का उपयोग होता है ।
- लो पास फ़िल्टर (Low pass filter) के लिए ।
- नोइज फ़िल्टर (Noise Filter) के लिए ।
- हाई पास फ़िल्टर (high pass filter) के लिए ।

कैपेसिटर (कंडेंसर) सिंगल फेज व्यवस्था में इलेक्ट्रिक पंखा (फैन) और सिगल फेज इलेक्ट्रिक मोटर को घुमाने के लिए टार्क (घूर्णन) का काम करता है । यदि कैपेसिटर नहीं हो तो इलेक्ट्रिक पंखा (फैन) व सिंगल फेज इलेक्ट्रिक मोटर दोनों नहीं घूमेंगे । इनको (फैन, मोटर) घुमाने का काम कैपेसिटर (एक फेज को दो में विभाजित कर) करता है ।

थ्री फेज व्यवस्था में इन्डकटेन्स लोड (भार) को संतुलित करने के लिए कैपेसिटेंस लोड (भार) अर्थात कैपेसिटर का उपयोग किया जाता है । इससे पावर फेक्टर (शक्ति गुणांक) (पी ऐफ़ – PF) में सुधार तथा वोल्टेज में सुधार होता है । सूत्र - पावर फेक्टर (शक्ति गुणांक) (पी ऐफ़ – PF) = (KW/KVA = किलोवाट/केवीए).

पावर फेक्टर में सुधार से उपभोक्ता का बिल कम आता है तथा विद्युत आपूर्ति कम्पनी को वोल्टेज सुधार के साथ हानि कम होती है ।

उपभोक्ता को कैपेसिटर, मोटर की क्षमता के अनुसार लगाना होता है। विद्युत आपूर्ति संस्थाओं को कैपेसिटर, ट्रांसफार्मर के पास (नजदीक/समीप), ट्रांसफार्मर की क्षमता अनुरूप लगाने होते हैं।

साधारण नियम से एचपी (हॉर्स पावर) अथवा ट्रांसफार्मर की केवीए क्षमता की चौथाई क्षमता का कैपेसिटर (क्षमता केवीएआर) उपयोग करते हैं ।

एक 10 हॉर्स पावर मोटर के लिए 2.5 केवीएआर क्षमता का कैपेसिटर लगाना होता है । कैपेसिटर की कीमत लगभग एक से दो माह के विद्युत बिल के बचत के समतुल्य होती है ।

कैपेसिटर ट्रांसफार्मर के एलटी साइड में लगाते हैं। जैसे 100 केवीए के वितरण ट्रांसफार्मर के लिए 25 केवीएआर तथा 5000 केवीए के पावर ट्रांसफार्मर के 1250 केवीएआर के स्थान पर 1200 केवीएआर (तीनों फेजों पर बराबर 400 केवीएआर) उपयोग करते है अथवा ट्रांसफार्मर पर रहने वाले लोड (भार) के अनुरूप भी उपयोग करते है ।

साधारणत: 11 केवी साइड में 1 एम्पीयर करेंट 20 केवीए के समतुल्य तथा पावर फेक्टर 0.8 मानकर 16 किलोवाट का लोड 1 घंटे में 16 यूनिट बनते हैं जिसकी लगभग कीमत रूपए 100 होती है । यदि कैपेसिटर एक 11 केवी फीडर पर 10 एम्पीयर की बचत से 1 घन्टे में रूपए 1000 (एक हजार) की बचत होती है और 20 एम्पीयर बचत से रूपए 2000 (दो हजार) की बचत होती है । इस तरह से कैपेसिटर के उपयोग से बचत की जानकारी मिलती है । इस कार्य में उपकेन्द्र पदस्थ ऑपरेटर (कर्मचारी) की भूमिका अहम होती है ।

यद्यपि कैपेसिटर के बहुत से उपयोग इलेक्ट्रोनिक क्षेत्र में भी होते हैं जो हमारे कार्य क्षेत्र से अलग हैं । इलेक्ट्रीकल क्षेत्र में कैपेसिटर उपयोग विशेषत: सिंगल फेज मोटर तथा सिंगल फेज पंखा (फैन) तथा थ्री फेज व्यवस्था में इन्डकशन मोटर, वितरण ट्रांसफार्मर और पावर ट्रांसफार्मरों के साथ उपयोग किए जाते हैं ।

बैंक –

साधारण शब्दों में बैंक, धन (रूपया) से सम्बन्धित एक से अधिक व्यक्तियों के हिसाब किताब का लेखा-जोखा के लिए व्यवस्था है । बैंक में जो व्यक्ति धन जमा करता है वह बैंक से अपनी जरूरत के लिए अपने खाते से धन निकाल कर अपने उपयोग में लाता है । लेकिन अपने खाते में जमा राशि से अधिक राशि वह नहीं निकाल सकता है । उसके लिए उसे ऋण (कर्ज/उधार) लेना पड़ता है जो एक अलग व्यवस्था है बैंक की । बैंक का मूल सिद्धान्त यह होता है कि जमा राशि की ब्याज दर कम होती है तथा ऋण (कर्ज/उधार) लेने की ब्याज दर अधिक होती है।

कैपेसिटर भी एक ऐसी डिवाइस है जो अपने अन्दर चार्ज को स्टोर कर सकती है और जरूरत पड़ने पर उसे वापस भी कर सकती है । जिस कारण से बैंक की तरह कैपेसिटर को कैपेसिटर बैंक कहते हैं । दूसरे तीनों फेजों पर एक सामान क्षमता के कैपेसिटर लगे होना आवश्यक है, इसके लिए अधिकतर 100 केवीएआर की एक – एक यूनिट स्थापित होती हैं । दूसरे एक यूनिट कैपेसिटर की खराब होने पर एक खराब यूनिट को बदला जायेगा शेष यूनिट यथावत क्रियाशील रहेंगी ।

एक समझदार कर्मचारी की पहल – उपकेंद्र/सबस्टेशन – कैपेसिटर -

33/11 केवी उपकेंद्र पर प्राय: 1500 केवीएआर और 1200 केवीएआर क्षमता के कैपेसिटर लगे/स्थापित होते हैं, ये 11 केवी साइड में बस या 11 केवी फीडर विशेष पर लगे/ स्थापित होते है। 1500 केवीएआर क्षमता के कैपेसिटर ओटोमेटिक होते हैं और फीडर लोड के अनुसार कार्य करते हैं । 1200 केवीएआर क्षमता के केपेसिटर लोड के अनुसार मेनुअल रूप से उपयोग में लाते हैं, 100 एम्पीयर लोड से अधिक होने पर 1200 केवीएआर क्षमता का प्रयोग करते है । जब लोड 75 से 100 एम्पीयर हो तब प्रत्येक फेज की तीन - तीन यूनिट (900 केवीएआर क्षमता) चालू रखते हैं, और लोड जब 50 से 75 एम्पीयर हो तब प्रत्येक फेज की दो - दो यूनिट (600 केवीएआर क्षमता) चालू रखते हैं । जब लोड 50 एम्पीयर से कम हो तब केपेसिटर बंद रखते है ।

नोट - प्राय: यह देखा गया है कि यदि केपेसिटर की एक यूनिट (100 केवीएआर क्षमता) किसी भी कारण से खराब/बंद हो गई है तब पूरा केपेसिटर सिस्टम बंद कर देते हैं और एक नई यूनिट की मांग कर/भेज देते है ।

परंतु समझदार कर्मचारी/ऑपरेटर उस केपेसिटर के दो अन्य फेज के एक - एक यूनिट के फ्यूज निकालकर उसे 900 केवीएआर क्षमता पर प्रयोग कर बिजली की बचत/पावर फेक्टर में सुधार कर लेगा और जब तक खराब यूनिट के बदले नई यूनिट आ जाएगी तब उसे

बदलकर 1200 केवीएआर क्षमता पर प्रयोग कर लेगा । इसी प्रकार किसी दूसरे अन्य उपकेंद्र पर भी 1200 केवीएआर क्षमता के केपेसिटर की एक यूनिट (100 केवीएआर) खराब होने पर उसे दो और यूनिट दूसरे एक - एक फेज की बंद करके चलाने के बजाय, आपसी चर्चा, सामंजस्य से पहले वाले उपकेंद्र से एक केपेसिटर (100 केवीएआर) का मांगकर/लाकर अपना उपकेंद्र 1200 केवीएआर पर एक खराब यूनिट को बदल कर चला सकता है। तात्पर्य यह है कि दो उपकेन्द्रों पर एक - एक यूनिट केपेसिटर (100 केवीएआर) की खराब होने पर केपेसिटर बंद रखना उचित नहीं है, उचित है एक उपकेंद्र के केपेसिटर को 900 केवीएआर क्षमता पर तथा दूसरे उपकेंद्र के केपेसिटर को 1200 केवीएआर क्षमता पर चलाना उचित एवं लाभप्रद है । यदि तीसरे उपकेन्द्र पर एक यूनिट खराब होने पर, वह भी पहले उपकेन्द्र पर शेष बची एक यूनिट को मंगाकर/लाकर अपना कैपेसिटर बैंक भी 1200 केवीएआर क्षमता पर चला लेगा ।

निष्कर्ष – आपसी सामंजस्य - उपरोक्त से यह निष्कर्ष निकला की यदि 3 उपकेन्द्रों पर एक – एक यूनिट कैपेसिटर (100 केवीएआर) खराब होने पर भी 2 उपकेन्द्र के कैपेसिटर 1200 केवीएआर और 1 उपकेन्द्र का कैपेसिटर 900 केवीएआर क्षमता पर चलेगा जबकि तीनों उपकेन्द्रों के कैपेसिटर बंद रखने के बजाय या तीनों उपकेन्द्रों के कैपेसिटर 900 केवीएआर क्षमता के उपयोग करने से । केवल आपसी तालमेल और आपसी चर्चा व सामंजस्य की आवश्यकता है ।

1

विद्युत शब्दावली

❦

विद्युत शब्दावली

विद्युत (बिजली) धारा (इलेक्ट्रिक करेंट) दो प्रकार की होती है - एसी (अल्टर्नेटिंग करेंट – प्रत्यावर्ती धारा) और डीसी (डायरेक्ट करेंट – एकदिश धारा) तथा सिंगल फेज (एकल फेज) और थ्री फेज (तीन फेज) विद्युत (बिजली) आपूर्ति (सप्लाई) की जाती है ।

एसी परिपथ (सर्किट) में आर (R), एल (L), सी (C) (आर – रजिस्टेंस, एल – इन्डकटेन्स, सी – कैपेसिटेंस), अवयव (एलीमेन्ट) होते हैं । इन्हें इम्पीडेंस (Z = R+L+C) कहते हैं । इम्पीडेंस को हिन्दी में प्रतिबाधा कहते है । प्रतिबाधा की इकाई ओम है । सूत्र – इम्पीडेंस (Z = R+L+C) = इम्पीडेंस (Z) = (वोल्ट/करेंट) = (V/I).

डीसी परिपथ (सर्किट) में रजिस्टेंस आर (R) अवयव (एलीमेन्ट) होता है । इसे रजिस्टेंस कहते हैं । रजिस्टेंस को हिन्दी में प्रतिरोध कहते हैं । प्रतिरोध की इकाई ओम है । सूत्र – रजिस्टेंस = प्रतिरोध = आर (R) = (वोल्ट/करेंट) = (V/I).

1. करेंट (इलेक्ट्रिक करेंट/विद्युत धारा)-

सभी पदार्थ एक या एक से अधिक तत्वों (एलिमेंट्स) से बने होते हैं जो एक प्रकार परमाणु (एटम) से बने होते है । अक्सर पदार्थों को प्रोटोन्स और इलेक्ट्रोन्स की संख्या से पहचाना जाता है जो किसी परमाणु के तत्व में होते हैं । जिस किसी परमाणु में इलेक्ट्रॉन और प्रोटोन की संख्या बराबर होती है वह विद्युत की दृष्टि से न्यूट्रल होता है । किसी परमाणु की बाहरी पट्टी (कक्षा/ओरबिट) में स्थित इलेक्ट्रोनों को बाहरी ताकत का इस्तेमाल करके आसानी से हटाया जा सकता है ।

किसी पदार्थ में फ्री इलेक्ट्रोन्स का प्रवाह एक एटम से अगले एटम तक उसी दिशा तक होता है और इसको करेंट कहते हैं । इसके लिए अंग्रेजी अक्षर आई (I) प्रतीक होता है । इसे एम्पीयर में नापते हैं । एक एम्पीयर करेंट का मतलब है कि एक कुलम्ब चार्ज किसी कंडक्टर के एक पॉइंट से प्रत्येक सेकेंड में पास (गुजरता) होता है । एक एम्पीयर को कुलम्ब

प्रति सेकेंड भी कहते हैं । एक एम्पीयर करेंट का मतलब होता है कि किसी कंडक्टर के क्रॉस सेक्शन से 6.24x10की पावर18 इलेक्ट्रॉन मूव करते हैं ।

करेंट एम्पीयर में नापने वाले उपकरण को एम्पीयर मीटर कहते हैं ,यद्यपि टोंगटेस्टर से भी करेंट नापा जाता है । एम्पीयर मीटर से करेंट नापने के लिए एम्पीयर मीटर को परिपथ (सर्किट) के श्रेणी क्रम (सीरीज) में लगाते हैं । टोंगटेस्टर से करेंट नापते समय टोंगटेस्टर के क्लैम्प (जौ)को खोलकर उस कंडक्टर/केबिल को क्लैम्प के अंदर कर लेते हैं और कलैंप बंद रखते हैं यह सीटी के सिद्धांत पर कार्य कर करेंट नापता है । उच्च वोल्टेज की लाइनों का करेंट सीटी (करेंट ट्रांसफार्मर) की मदद से नापते हैं इन्हें श्रेणी (सीरीज) क्रम में लगाते हैं । सीटी के 33 केवी वोल्टेज तक अनुपात (रेशों) 500 – 400 - 300 - 200 - 100/5 एम्पीयर, तथा 33 केवी से अधिक वोल्टेज पर अनुपात (रेशों) 500 – 400 - 300 - 200 - 100/1 एम्पीयर रहते हैं ।

2 - **वोल्टेज** –

जितनी ताकत बिजली के प्रवाह को किसी कंडक्टर से होकर मूव (चलायमान) करने में जरूरी होती है उसको पोटेन्शियल डिफरेंस वोल्टेज या इलेक्ट्रोमोटिव फोर्स (ईएमएफ) कहा जाता है । वोल्टेज की माप की यूनिट है वोल्ट जिसे अक्सर अंग्रेजी अक्षर वी (V) से लिखते हैं । वोल्टेज को कई प्रकार से पैदा कर सकते हैं । किसी बैटरी में इलेक्ट्रो - कैमिकल प्रोसेस इस्तेमाल किया जाता है लेकिन किसी तार के अलटेनेटर अथवा बिजलीघर के जेनरेटर में मैग्नेटिक इंडकशन प्रोसेस का प्रयोग किया जाता है । सभी वोल्टेज स्रोत में इलेक्ट्रॉन एक सिरे से और दूसरे सिरे अधिक और दूसरे सिरे पर कम होते हैं । दो टर्मिनलों के बीच परिणामस्वरूप डिफरेंस ऑफ पोटेंशियल आता है । वोल्टेज सोर्स के डायरेक्ट करेंट (डीसी) में टर्मिनलों की पोलरिटी चेंज नहीं होती । परिणाम ये होता है किकरेंट एक ही दिशा में निरंतर बहता रहता है ।

वोल्ट नापने वाले उपकरण को वोल्टमीटर कहतें है । वोल्टेज हमेशा दो लाइनों (फेज टू न्यूट्रल, या फेज टू फेज) के बीच नापा जाता हैं, इसलिए वोल्टमीटर को समानान्तर (पैरेलल) क्रम में लगाते हैं । उच्च दाब लाइनों के वोल्टेज नापने के लिए पीटी (पोटेंशियल ट्रांसफार्मर) के द्वारा नापते हैं, पीटी के अनुपात (रेशों) 11केवी/110 वोल्ट, 33केवी/110 वोल्ट रहते हैं और इन्हें समानान्तर (पैरेलल) क्रम में ही लगाते हैं

3 - **प्रतिरोध (रजिस्टेन्स)** – यह सभी पदार्थों में होता है और विद्युत प्रवाह (इलेक्ट्रिसिटी फलो) का विरोधी होता है । कुछ पदार्थ में अन्य के मुक़ाबले ज्यादा रजिसटेन्स होता है । चांदी, तांबा, एल्यूमिनियम और लोहे जैसी कुछ धातुओं में कम रजिसटेन्स होता है और इनको बिजली का अच्छा सुचालक (अच्छा कंडक्टर) कहा जाता है । प्लास्टिक, कांच, अभ्रक, रबड़ और लकड़ी में रजिसटेन्स ज्यादा होता हैं और इन्हे विद्युत का कुचालक (बेड कंडक्टर) माना जाता है । इसलिए इनको इंसुलेटर (बचाव करने वाले) के तौर पर इस्तेमाल किया जाता है । किसी पदार्थ में कितना रसिसटेन्स होगा यह उसके गठन,

लंबाई, क्रॉस सेक्शन और रेजिस्टिव मैटेरियलके तापमान (टेम्परेचर) पर निर्भर करेगा । एक नियम के रूप में किसी कंडक्टर का रेजिसटेन्स तब बढ़ जाता है जब उसकी लंबाई बढ़ती है अथवा क्रॉस सेक्शन घट जाता है । रेजिस्टेंस के लिए प्रतीक के रूप में आर (R) लिखा जाता है । रेसिस्टेंस के नापने की यूनिट (इकाई) को ओहम कहते हैं और इसे नापने वाले उपकरण को ओहममीटर कहा जाता है ।

ओहम का नियम -

डीसी सर्किट के लिए ,

V= I x R , I = V/ R , R = V /I

E = I X R , I = E / R , R = E / I

ए सी सर्किट के लिए –

V = I x Z, (Z = R + L + C), I = V/Z , Z = V/I

E = I x Z , (Z = R + L + C), I = E/Z, Z = V/I

टिप्पणी – वोल्टेज को V और E दोनों से प्रदर्शित (प्रतीक) करते हैं ।

KVA Cos (fai) = KW ,

Cos (fai) = KW/KVA ,

1 H.P. = 0.746 KW ,

KVA = H.P. (At PF 0.746)

1 KWH = 1KW x 1 Hour = 1 Unit =1000w x60x60 second =3.6 x 10*6 joule (watt second)

loss = IxIxR, Capacitance - Q = C x V

श्रेणी क्रम - R = R1+R2+R3 + -,

L = L1 +L2 +L3 + - ,

1/C = 1/C1 +1/C2 +1/C3 + -

समानान्तर क्रम – 1/R =1/R1 +1/R2 +1/R3 + -,

1/L=1/L1 +1/L2 +1/L3 + - ,

C =C1+C2+C3 + -

4 - विद्युत परिपथ (इलेक्ट्रिक सर्किट) -

एक साधारण विद्युत परिपथ(सिम्पल इलेक्ट्रिक सर्किट) में वोल्टेज सोर्स , कुछ तरह का लोड और कंडक्टर होते हैं, जिनसे होकर इलेक्ट्रॉन वोल्टेज सोर्स और लोड की तरह फलो करते हैं ।

आर एल सी सर्किट -

उत्पादन (जेनरेशन), पारेषण (ट्रान्समीशन), वितरण (डिस्ट्रीब्यूशन) और उपभोक्ता (कंज्यूमर)

5 – ओहम का नियम –

ओहम का नियम ये दर्शाता है कि करंट वोल्टेज के बढ़ने से बढ़ता है और घटने से घटता है । और रेजिस्टेंस का उल्टा होता है । करंट (आई - I) को एम्पीयर्स में मापा जाता है ।

वोल्टेज को वी (V) या ई (E) वोल्ट में और रेसिस्टेंस (आर - R) को ओहम में मापा जाता है ।

ओहम के नियम के अनुसार इसे प्रकट करने लिए तीन तरीके हैं –

1 - वोल्ट (वी या ई) = करेंट (आई) रसिस्टेंस (आर), V = I x R, E = I x R

2 – करेंट (आई) = वोल्ट (वी) / रेसिस्टेंस (आर), I = V/ R , I = E/ R

3 – रेजिस्टेंस (आर) = वोल्ट (वी) / करेंट (आई) , R = V/I , R = E/I

डीसी सर्किट के लिए ,

V= I x R , I = V/ R , R = V /I

E = I X R , I = E / R , R = E / I

ए सी सर्किट के लिए –

V = I x Z, (Z = R + L + C), I = V/Z , Z = V/I

E = I x Z , (Z = R + L + C), I = E/Z, Z = V/I

टिप्पणी – वोल्टेज को V और E दोनों से प्रदर्शित (प्रतीक) करते हैं ।

श्रेणी क्रम - R = R1+R2+R3 + -,

समानान्तर क्रम – 1/R =1/R1 +1/R2 +1/R3 + -,

6 - पावर (शक्ति) -

जब भी किसी फोर्स के कारण मोशन (गति) पैदा होता है काम पूरा होता है । अगर बिना मोशन के फोर्स लगाया जाता है तो कोई काम नहीं होता है । किसी इलेक्ट्रिक सर्किट में जब भी किसी कंडक्टर पर वोल्टेज अप्लाई किया जाता है तो उसके कारण इलेक्ट्रोन्स प्रवाहित होने लगते हैं । वोल्टेज फोर्स है और इलेक्ट्रॉन का प्रवाह मोशन है । पावर वो रेट है जिससे काम हो जाता है और इसके लिए प्रतीक पी (P) लिखा जाता है । पावर की माप वाट है और इसके लिए प्रतीक के रूप में डब्ल्यू (W) लिखा जाता है । किसी डायरेक्ट करेंट (डीसी -DC) सर्किट में एक वाट वो दर है जिससे काम तब हो जाता है जब एक वोल्ट के कारण एक एम्पीयर करेंट का प्रवाह होता है ।

पावर का सूत्र (फार्मूला) है – पावर (पी) = वोल्टेज (वी) x केरेंट (आई), P= VxI

जबकि आल्टरनेटिंग करेंट (एसी -AC) और वोल्टेज निरंतर भिन्न होते हैं । इनको साइन वेव से प्रस्तुत करते हैं इसकी दो डायरेकशन पोजिटिव और नेगेटिव होती हैं । एक साइन वेव 360 डिग्री में चक्राकार प्रवाहित होती है, इसे एक साइकिल/चक्र कहा जाता है । आल्टरनेट करेंट इन्हीं अनेक साइकिलों/चक्रों से हर सेकेंड गुजरता है ।

तब पावर का सूत्र (फोरमूला) निम्नानुसार होता है –

पावर (पी) = वोल्टेज (वी) x केरेंट (आई) x कोस फ़ाई, P = V x I x COS Faee

यहाँ यह स्पष्ट करना आवश्यक है कि कोस फ़ाई का मान एक या एक से कम होता है । डी सी सर्किट में कोस फ़ाई का मान 1 होता है क्योंकि वोल्टेज और करेंट एक ही दिशा में होते हैं अर्थात 0 डिग्री ।

रियल पावर की बेसिक यूनिट होती है वाट (डब्ल्यू- W), इंटरनेशनल सिस्टम ऑफ यूनिटस (एस आई) में इसका इस्तेमाल होता है । परिभाषा के रूप में एक वाट बराबर होता है प्रति सेकेंड एक जूल ऑफ एनर्जी । बिजली की शब्दावली में इसे उस पावर के रूप में दिखाया जाता है जो एक वाट की दर से तब खपत की जाती है जब एक वॉल्ट के पोटेंशियल डिफरेंस से एक एम्पीयर प्रवाहित होता है । यानि एक वाट = एक वॉल्ट x एक एमपीयर (W = Vx I)

पावर को मापने की कई विभिन्न यूनिट (इकाई) हैं । इलेक्ट्रिक मोटर की पावर अश्व - शक्ति (हॉर्स पावर = एचपी - HP) और किलोवाट (केडब्ल्यू - KW) में मापते हैं । जबकि ट्रांसफार्मर को केवीए (KVA) और एमवीए (MVA) में मापते हैं । एक अश्व शक्ति (हॉर्स पावर = HP = एचपी), 746 वाट(डब्ल्यू - W) या 0.746 किलोवाट (केडब्ल्यू - KW) के बराबर होता है ।

पीएफ (पावर फेक्टर) = शक्ति गुणांक = PF = COS Faee = (KW)/(KVA) = किलोवाट/केवीए = (Active Power)/(Apparent Power) = एक्टिव पावर/एप्परेंट पावर = वास्तविक शक्ति/आभासी शक्ति

पावर फेक्टर का मान 1 से कम तथा 0 से अधिक रहता है, कहने का आशय है कि पावर फेक्टर 0 और 1 के बीच होता है ।

लैगिंग पावर फेक्टर - जब करेंट (धारा) वोल्टता से पीछे (Current Lags Voltage) होता है इसे लैगिंग पवार फेक्टर कहते हैं ।

लीडिंग पावर फेक्टर – जब करेंट (धारा) वोल्टता से आगे होता है (Current Leeds Voltage) तो इसे लीडिंग पावर फेक्टर कहते हैं ।

उद्योगों में इंडक्शन मोटर एवं अन्य प्रेरकत्व – युक्त भारों (लोडों) के कारण पीएफ (पावर फेक्टर) प्राय: पिछड़ा हुआ (Lagging – लैगिंग) ही रहता है ।

एक्टिव पावर (Active Power) को ही True, Real, Useful, वास्तविक, सक्रिय पावर कहते हैं, यह वह पावर है जो इंडक्शन मोटर द्वारा उपयोग की जाती है । इसको किलोवाट (KW) में लिखते हैं । एसी करेंट और वोल्टेज जब पावर फेक्टर के साथ गुणा करते हैं तब उसे वाट कहते हैं । 1000 वाट को ही 1 किलोवाट (KW) कहते हैं ।

एप्परेंट पावर (Apparent Power) को ही आभासी, प्रत्यक्ष शक्ति कहते हैं । यह केवी और करेंट (एम्पीयर) के गुणनफल के बराबर केवीए (KVA) होती है ।

रिएक्टिव पावर (Reactive Power) को प्रतिक्रिया, प्रतिघाती शक्ति कहते हैं । यह केवीएआर (KVAR) में मापी जाती है ।

कुछ सामान्य उपकरण जिनके पीएफ (पावर फेक्टर) सामन्यत: इस प्रकार रहते हैं –

इनकेंडेसेंट लेम्प्स – 1.0, फ़्लोरोसेंट लेम्प्स – 0.6 से 0.8, इंडक्शन मोटर – 0.8, निओन साइन – 0.4 से 0.5, आर्क लेम्प (सिनेमा) 0.3 से 0.7, आर्क फरनेस – 0.85, आर्क वैल्डिंग – 0.3 से 0.4, रजिसटेन्स वैल्डिंग – 0.65, इंडक्शन फरनेस – 0.6, इंडक्शन हीटिंग

– 0.85 आदि ।

उदाहरण – विद्युत से हटकर जब हम एक दूध दुकानदार के पास जाकर उससे कहते हैं कि एक गिलास दूध तैयार करो । तब दुकानदार अपनी कढ़ाई से दूध निकालकर दो चार बार उलट – पुलटकर दूध तैयार कर दूध देता है । तब हम देखते हैं कि दूध के गिलास में कुछ झाग हैं, शेष में दूध है । झाग रिएक्टिव (KVAR) पावर हैं, पूरा एक गिलास दूध आभासी (एप्परेंट- KVA) पावर है, वास्तविक दूध (झाग रहित) एक्टिव (KW) पावर है । पीएफ (पावर फेक्टर) एक्टिव पावर (KW)/एप्परेंट पावर (KVA) कहलाता है ।

7 - ऊर्जा : - (यूनिट - किलोवाट आवर - केडब्ल्यूएच – KWH)

ऊर्जा की एस आई यूनिट होती है जूल (जे - J)। जूल का इस्तेमाल मुख्य रूप से विज्ञान में होता है । ये ऊर्जा की वह मात्रा है जो एक न्यूटन (एक एन – 1N) ऊर्जा के स्रोत की तरफ किसी वस्तु को एक मीटर खिसकाने में लगती है । जूल अपेक्षाकृत एक छोटी यूनिट होती है लेकिन बिजली की खपत के मामले में आमतौर पर इस्तेमाल की जाने वाली यूनिट जो खासतौर से यूटिलिटी (बिजली) के बिलों में दिखाई जाती है वो है किलोवाट आवर (केडब्ल्यूएच KWH) । जो उस बिजली का माप है जो विनिर्दिष्ट समय के अंतर्गत, जैसे एक महीने तक बिजली के प्रवाह को दर्शाती है । एक किलोवाटआवर ऊर्जा की वह मात्रा है जो एक घंटे तक एक किलोवाट की दर से प्रवाहित होती है । उदाहरण के लिए एक 100 वाट का बल्व 10 घंटे में 1000 वाट आवर (एक किलोवाट आवर = 1 यूनिट) एनर्जी खपत करता है । एक किलोवाट का मतलब 3,600,000 जे (जूल) एनर्जी ।

8 - इंडक्टेंसः - (प्रतिबाधा)

इस पॉइंट पर जिन सर्किटों का अध्ययन किया गया वे रेजिस्टिव हैं । रेजिस्टेंस और वोल्टेज सिर्फ सर्किट की प्रॉपर्टीज़ (गुण) ही नहीं बल्कि इफेक्टिव करंट फ्लो भी हैं लेकिन इंडक्टेंस किसी इलेक्ट्रिक सर्किट की प्रॉपर्टी होती है जो इलेक्ट्रिक करंट में किसी चेंज का विरोध करती है । रेजिस्टेंस करंट फ्लो का विरोध करता है जबकि इंडक्टेंस करंट फ्लो में चेंज का विरोधी होता है । इंडक्टेंस को अंग्रेजी के एल(L) अक्षर के रूप में दर्शाया जाता है । इंडक्टेंस का यूनिट हेनरी (H) होता है लेकिन हेनरी सापेक्ष रूप में एक बड़ी यूनिट है जबकि इंडक्टेंस मिलीहेनरी अथवा माइक्रोहेनरी के रूप में दर्शाया जाता है ।

किसी कंडक्टर में करंट मैग्नेटिक फील्ड पैदा करता है । करंट की मात्रा मैग्नेटिक फील्ड की स्ट्रेंथ तय करती है । जैसे - जैसे करंट फ्लो बढ़ता है फील्ड स्ट्रेंथ भी बढ़ती है । इसी तरह से जैसे - जैसे करंट फ्लो घटता है, फील्ड स्ट्रेंथ भी घटती है । किसी करंट में अगर कोई चेंज आता है तो कंडक्टर के आस - पास के मैग्नेटिक फील्ड में भी करंट में उतना ही परिवर्तन आ जाता है । किसी रेगुलेटिड डीसी सोर्स के लिए करंट कॉन्स्टेंट (स्थिर) होता है । लेकिन अपवाद स्वरूप जब सर्किट ऑन या ऑफ कर दिया जाता है तो अथवा जब लोड में चेंज आ जाता है तो ऐसा नहीं होता । लेकिन अल्टरनेट करंट निरंतर बदलता रहता है और इंडक्टेंस लगातार चेंज का विरोधी होता है । किसी कंडक्टर के आस-पास के मैग्नेटिक फील्ड में

होने वाला परिवर्तन कंडक्टर के वोल्टेज में भी परिवर्तन लाता है । सेल्फ इनड्युस्ड वोल्टेज करंट में चेंज को अपोज (विरोध) करता है । इसको काउंटर ईएमएफ (EMF) कहते हैं । सभी कंडक्टरों में और बिजली के यंत्रों में पर्याप्त मात्रा में इंडक्टेंस होता है लेकिन इंडक्टर्स क्वाइल या तारों के रूप में स्पेसिफिक इंडक्शन के लिए बंधे होते हैं । कुछ एप्लिकेशन के लिए इंडक्टर्स किसी मेटल कोर के चारों ओर बांधे जाते हैं जिससे इंडक्टेंस और कोन्सेंट्रेट हो जाता है । किसी क्वाइल का इंडक्टेंस क्वाइल में मौजूद घेरों (नंबर ऑफ टर्न्स) के जरिये तय होता है । क्वाइल डाइमीटर तथा लंबाई और कोर मेटेरियल भी इसके अवयव होते हैं । इंडक्टर संकेत रूप में किसी इलेक्ट्रिकल ड्राइंग में घुमावदार लाइन के रूप में दिखाया जाता है ।

श्रेणी क्रम - L = L1 +L2 +L3 + - ,

समानान्तर क्रम – 1/L=1/L1 +1/L2 +1/L3 + - ,

9 - कैपेसिटेन्स और कैपेसिटर्स – (संधारित्र)

कैपेसिटेन्स वह माप होती है जो किसी सर्किट में इलेक्ट्रिकल चार्ज स्टोर करने की क्षमता दिखाती है । कोई ऐसा उपकरण जिसे विनिर्दिष्ट मात्रा में कैपेसिटेन्स स्टोर करने के लिए बनाया जाता है, उसे कैपेसिटर कहते हैं । कैपेसिटर को हिन्दी में संधारित्र कहते हैं । कोई कैपेसिटर कंडक्टिव प्लेट की एक जोड़ी से बना होता है और इसके बीच में इंसुलेटिड मेटेरियल की एक बारीक परत डाली जाती है । इसी इंसुलेटिड मेटेरियल का दूसरा नाम डाईलेक्ट्रिक मेटेरियल है । कैपेसिटर को आमतौर पर और इलेक्ट्रिकल ड्राइंग में सीधी लाइन और घुमावदार लाइन के कंबीनेशन से अथवा दो सीधी लाइनों के रूप में दिखाया जाता है ।

जब किसी कैपेसिटर की प्लेट पर वोल्टेज एप्लाई किया जाता है, एक प्लेट पर इलेक्ट्रोन्स डाले जाते हैं और दूसरी प्लेट से निकाले जाते हैं । इससे कैपेसिटर चार्ज हो जाता है । डायरेक्ट करंट किसी डाईइलेक्ट्रिक मेटेरियल के आर - पार प्रवाहित नही हो सकता है क्योंकि उसमें इंसुलेटर होता है लेकिन जब भी कैपेसिटर चार्ज हो जाता है डाई इलेक्ट्रिक के जरिये इलेक्ट्रिक फील्ड पैदा हो जाता है । कैपेसिटर की रेटिंग उस चार्ज की मात्रा से की जाती है जितना चार्ज वह होल्ड कर सकते हैं ।

किसी कैपेसिटर की कैपेसिटेन्स प्लेट के एरिया और दोनों प्लेटों के बीच दूरी तथा डायलेक्ट्रिक मेटेरियल के रूप में इस्तेमाल किए गए पदार्थ के प्रकार पर निर्भर करता है । कैपेसेटेन्स का प्रतीक चिह्न अंग्रेजी का अक्षर सी (C) है ,और इसे फेराड एफ (F) के रूप में मापा जाता है । लेकिन फेराड एक बड़ी यूनिट होती है और अक्सर कैपेसिटर्स की रेटिंग माइक्रोफेराड अथवा पीकोफेराड के रूप में की जाती है ।

श्रेणी क्रम - 1/C = 1/C1 +1/C2 +1/C3 + -

समानान्तर क्रम – C =C1+C2+C3 + -

कैपेसिटेंस (Capacitance) - Q = C x V

इंडक्टिव मोटर लोड के लिए कैपेसिटर लगाने से डिस्कोम और उपभोक्ता दोनों को लाभ होता है -

क्रमांक - डिस्कोम लाभ - उपभोक्ता लाभ

1. - डिस्कोम लाभ - कैपेसिटर लगाने से सिस्टम (प्रणाली) का पावर फेक्टर बढ़ता है

- उपभोक्ता लाभ - उपभोक्ता मोटर का पावर फेक्टर बढ़ता है

2. - डिस्कोम लाभ - यदि फीडर का लोड 100 से अधिक 120 -150 एम्पीयरलोड है तो कैसिटर उपयोग से लगभग 20 से 30 एम्पीयरलोड कम हो जाता है

- उपभोक्ता लाभ - एक 10 अश्व शक्ति मोटर जो लगभग 15 – 16 एम्पीयर करेंट ले रही थी कैपेसिटर के उपयोग होने पर लगभग 12 – 13 एम्पीयर करेंट लेगी

3. - डिस्कोम लाभ - डिस्कोम को राजस्व हानि कम होती है

- उपभोक्ता लाभ - उपभोक्ता का कम बिल आता है

4. - डिस्कोम लाभ - कैपेसिटर उपयोग से लाइनों पर लगे उपकरण कम करेंट लेने से कम गरम होंगे और पूर्ण दक्षता से कार्य करेंगे

- उपभोक्ता लाभ - कैपेसिटर उपयोग से मोटर अन्य उपकरण कम गरम होंगे व पूर्ण दक्षता से कार्य करेगे

5. - डिस्कोम लाभ - उसी केबिल क्षमता/ट्रांसफार्मर क्षमता से अधिक कनेकशन दिये जा सकते हैं

- उपभोक्ता लाभ - मोटर कम करेंट लेने के कारण कम बिजली खर्च करेगी

6. - डिस्कोम लाभ - अच्छे वोल्टेज मिलने से उपभोक्ता/विभाग संतुष्टि होगी

- उपभोक्ता लाभ - अच्छे वोल्टेज मिलने से कम यूनिट और बिल कम होगा , उपभोक्ता को लाभ होगा

10 - **लाइन** – लाइनों को विभिन्न प्रकार से वर्गीकृत किया जाता है, जिनमें मुख्य हैं – कंडक्टर लाइन व केबिल लाइन, जमीन के ऊपर लाइन (ओवर हेड लाइन), भूमिगत (अंडरग्राउंड) लाइन, निम्न दाब (एलटी - लो टेंशन) लाइन, उच्च दाब (एचटी – हाई टेंशन) लाइन तथा अतिउच्चदाब (ईएचटी – एक्स्ट्रा हाई टेंशन) लाइन, निम्नदाब लाइन को पुन: सिंगल फेज व थ्री फेज लाइनों में वर्गीकृत किया जाता है । सिंगल फेज लाइन को - सिंगल फेज टू वायर (फेज व न्यूट्रल) लाइन, सिंगल फेज थ्री वायर (फेज, न्यूट्रल और स्ट्रीट लाइट फेज) लाइन में वर्गीकृत किया गया है, उसी प्रकार से थ्री फेज लाइन को - थ्री फेज फोर वायर (तीन फेज व न्यूट्रल) लाइन, थ्री फेज फाइव वायर (तीन फेज, एक न्यूट्रल और एक स्ट्रीट लाइट फेज) लाइन में वर्गीकृत किया गया है । केबिल को भी सिंगल कोर केबिल, टू कोर, थ्री कोर केबिल, थ्री एंड हाफ कोर केबिल, फोर कोर केबिल, आर्मर्ड केबिल, अनार्मर्ड केबिल, गैस फिल्ड, आयल फिल्ड, एक्सएलपी, एबी (एयर बन्च) केबिल, एलटी केबिल और एचटी केबिल आदि । आइल फिल्ड, गैस फिल्ड केबिल ईएचवी (अति उच्चदाब) नेटवर्क के लिए होती हैं । कंट्रोल केबिल उप - केन्द्रों पर मीटरिंग, सिगनल, नियंत्रण (कंट्रोल) सर्किटों में

प्रयोग होती है।

लाइन को पहचानने के लिए हमेशा उपरोक्त वर्गीकरण के अलावा यह भी बोला जाता है कि लाइन का वोल्टेज क्या है, या लाइन किस वोल्ट की है, जैसे 220 - 230 वोल्ट (फेज टू न्यूट्रल) 400/440 वोल्ट (फेज टू फेज) लाइन एलटी लाइन कहलाती हैं । एचटी लाइन -11 केवी, 33 केवी और 66 केवी लाइन कहलाती हैं । तथा ईएचटी लाइन – 132 के वी, 220 केवी, 400 केवी, 765 केवी और इससे अधिक वोल्ट की लाइन कहलाती हैं । वोल्ट और केवी (किलोवोल्ट) में 1000 (एक हजार) वोल्ट को ही एक केवी कहते हैं । लाइन में वोल्ट के साथ करेंट बहता (चलता) है उसे एम्पीयर में नापते हैं । जब भी लाइन की चर्चा होगी तब लाइन का वोल्टेज और उसमे कितना लोड (भार - करेंट) चल रहा (प्रवाहित) है, बोला जाता है ।

जब लाइन पर केवल एक ही वोल्टेज की सप्लाई दी जाती है तब उसे सिंगल सर्किट लाइन बोलते हैं तथा जब उसी लाइन पर दो सर्किट हों तब उसे डबल सर्किट लाइन कहते हैं ।

एक ही लाइन पर अलग – अलग वोल्टेज की सप्लाई होने पर यदि दो या उससे अधिक सर्किट हैं तब उसे डबल सर्किट लाइन न बोलते हुए मिश्रित (कम्पोजिट) लाइन कहते है । जब लाइन एक रेखीय (सीधी लाइन) हो तो उसे रेडियल लाइन/फीडर बोलते हैं । और उस मुख्य लाइन से कोई अन्य लाइन निकालते हैं तो उसे टेप/टेपिंग लाइन बोलते हैं । जब लाइन का कोई अंत न हो और पूरी लाइन आपस में जुड़ी हो उसे रिंग मेन लाइन बोलते हैं परन्तु ध्यान रहे कहीं भी एक स्थान पर लाइन के जमफर खुलें होने आवश्यक होते हैं अन्यथा की स्थिति लाइन ही नहीं चलेगी और फाल्टी हो जाएगी । अक्सर शहरों में रिंग मेन सर्किट होते हैं वहां विशेष सावधानी की जरूरत होती है । जहां जमफर खुले होते हैं वहां डबल सप्लाई की स्थिति होती हैं । अत: सावधानी पूर्वक कार्य करना आवश्यक होता है ।

11 - **पोल** - लाइन जिस सपोर्ट पर खींची जाती है उसे पोल कहते हैं । पोल विभिन्न प्रकार की लंबाई, आकार के अनुसार होते हैं, मुख्यत: पोल लकड़ी, सीमेंट (140 केजी/8मीटर वजन –360किग्रा, 280केजी/9.1 मीटर वजन 680 किग्रा और 350 केजी/9.1 मीटर वजन 750 केजी), लोहे (गर्डर - आरएस जोइस्ट/रिइंफोर्सड स्टील जोइस् - (127 वाय 75 एमएम, 175 वाय 85 एमएम), एच बीम - (152 वाय 152 एमएम), रेल - (45 केजी व 52.5 केजी प्रति मीटर), लेटिस टावर - (फेब्रीकेटिड पोल इसे गेंट्री के उपयोग में भी लाते हैं), एंगिल टावर (ईएचटी टावर लाइन), ट्यूबुलर तथा मोनो ब्लॉक) के होते हैं जिनका उपयोग आवश्यकतानुसार किया जाता है ।

12- **कंडक्टर (तार)** – जिसमें होकर विद्युत प्रवाहित होती हैं उसे कंडक्टर कहते हैं । कंडक्टर एसीएसआर (एल्यूमिनियम कंडक्टर स्टील रि-इंफोर्सड) और एएएसी (ऑल एलोय एल्युमीनियम कंडक्टर) होते हैं । एएएसी कंडक्टर चोरी या खराव होने के बाद बिकता नहीं हैं, थोड़ा हार्ड (कठोर) होता है एसीएसआर की तुलना में ।

13 - **केबिल** - केबिल का विभिन्न प्रकार से वर्गीकरण किया जाता है यथा -पावर, कंट्रोल केबिल, सिंगल कोर (सिंगल कोर अनसक्रीण्ड अनआर्मड, सिंगल कोर स्क्रीड अनआर्मड)

व मल्टी कोर केबिल (थ्री कोर आर्मड, स्कींडया अनस्क्रींड), ओवरहेड, अंडर-ग्राउंड केबिल, तथा वोल्टेज के अनुसार एलटी, एचटी, ईएचटी केबिल आदि ।

केबिल संबंधी निर्माण में खास बाते ये होती हैं – कंडक्टर साइज, कंडक्टर स्क्रीन, इंश्यूलेशन, इंश्युलेशन स्क्रीन, मेटेलिक स्क्रीन, फिलर्स, बेलटिंग पेपर, मेटेलिक शीट, आर्मरिंग, आउटर सर्विसिंग/शीट आदि । केबिल की साइज इन बातों पर निर्भर करती है – करेंट ले जाने की क्षमता, शॉर्ट सर्किट करेंट, वोल्टेज ड्रॉप, बिजली की क्षतियाँ आदि ।

14 – मीटर – मीटर ऊर्जा माप का एक उपकरण है इसे एनर्जी मीटर भी कहते है । इनका वर्गीकरण - - सिंगल फेज, थ्री फेज मीटर (थ्री फेज थ्री वायर, थ्री फेज फोर वायर, थ्री फेज फोर वायर सीटी ओपरेटिड एम - डी रिकॉर्डिंग के साथ), मेकेनीकल (मूविंग पार्ट -चकरी), इलेक्ट्रोनिक (स्टेटिक) मीटर, एलटी मीटर, एचटी मीटर (सीटी पीटी /एमई - मीटरिंग उपकरण के साथ) । एचटी इलेक्ट्रोनिक ट्राई वेक्टर मीटर में ये सभी वाचन की सुविधा होती है – एक्टिव एनर्जी - केडब्ल्यूएच, रिएक्टिव एनर्जी - केवीएआरएच, अपरेंट एनर्जी - केवीएएच, पीक मेक्सीमम डिमांड - केवीए, केडब्ल्यू (लेगिंग पावर फेक्टर के साथ), क्यूमूलेटिव डिमांड और पिछले महीने के लिए एम डी बिलिंग - केवीए, रीसेट काउंटर, पावर फेक्टर, फ्रीक्वेनसी, सप्लाई वोल्टेज में मिसिंग पीटी का होना, मीटरिंग का टाइम, मीटरिंग के टाइम में अंतराल, ऊर्जा - आयात/निर्यात (इम्पोर्ट/एक्सपोर्ट), टेम्पर की जानकारी, बीते समय के साथ मांग प्रस्तुत करना ।

आधुनिक मीटर - इनके अलावा एएमआर (ओटोमेटिक मीटर रीडिंगमीटर तथा स्मार्टमीटर (रेडियो फ्रीक्वेनसी मीटर), नेट मीटरिंग, प्रीपेड मीटरिंग व्यवस्था भी आधुनिक है । एएमआर मीटर में प्रत्येक मीटर पर एएमआर के लिए सिम लगानी पड़ती है, जब कि स्मार्ट मीटर के लिए एक समूह (100 से 200 उपभोक्ता) या क्षेत्र (50 से 100 मीटर) के लिए केवल एक मॉडम लगाया जाता है जो रेडियो फ्रीक्वेनसी के द्वारा सभी मीटरों की रीडिंग कर लेता है । प्रीपेड मीटर एडवांस्ड भुगतान के हिसाब से उपयोग किया जाता है इसमें बिलों का भुगतान न करने पर कनेकशन काटने की कार्यवाही नहीं करनी पड़ती है ।

15 - ट्रांसफार्मर (परिणामित्र) – ट्रांसफार्मर वह उपकरण है जो एक वोल्टेज को दूसरे वोल्टेज में बदलता है । यहा भी करेंट होता है, परंतु विशेष बात यह है कि एक ही कोर पर पहले एलटी वाईडिंग तथा उसके ऊपर एचटी वाईडिंग होती है किन्तु एचटी से एलटी वाईडिंग का कोई किसी प्रकार का कनेक्शन नहीं होता है, यहाँ चुम्बकत्व (मेगनेटिज्म), इंडकशन (प्रेरणा/प्रभाव) के कारण एक वाईडिंग से दूसरी वाईडिंग में करेंट प्रवाहित होता है । यदि ट्रांसफारमर एक वाईडिंग में करेंट है तो दूसरी वाईडिंग में भी करेंट प्रवाहित होगा । जबकि एलटी लाइन का किसी स्थान पर जाइंट/जमफर खुलने/जलने से उस लाइन में आगे करेंट नही होगा, परंतु अन्य 11 केवी या उससे अधिक वोल्ट की लाइन कि किसी स्थान पर जाइंट/जमफर खुलने/जलने से उस स्थान पर दोनों तरफ से करेंट होगा, यह करेंट ट्रांसफार्मर के डेल्टा कनेक्शन होने के कारण वापस करेंट पहुचेगा वहाँ तक जहां पर

जाइंट/जमफर खुला/जला है । ऐसे में बहुत सावधानी बरतने की आवश्यकता है ।

- विद्युत – ट्रान्सफार्मर क्षमता केवीए/एमवीए में क्यों ?
- प्रत्येक ट्रान्सफार्मर में कोर लॉस और कॉपर लॉस होते हैं ।
- कोर लॉस इनपुट वोल्टेज पर निर्भर करते हैं ।
- कॉपर लॉस करेंट के वाईंडिंग में प्रवाह पर निर्भर करते हैं ।
- इस प्रकार कुल लॉस वोल्टेज और करेंट पर निर्भर करते हैं, परन्तु पावर फैक्टर पर नहीं ।
- इसलिए ट्रान्सफार्मर क्षमता केवीए/एमवीए में होती है किलोवाट/मेगावाट में नहीं होती है ।

ट्रांसफार्मर को दो श्रेणी में वर्गीकृत किया जाता है – एक वितरण ट्रांसफार्मर, दूसरा पावर ट्रांसफार्मर । वितरण ट्रांसफार्मर 11 केवी (एचटी) से 440 वोल्ट (एलटी - फेज टू फेज) और 220/230 फेज टू न्यूट्रल बनाता है, जबकि पावर ट्रांसफार्मर एचटी (33 केवी या और अधिक) से एलटी (11 केवी या और अधिक) बनाता है अथवा इसके विपरीत भी कार्य करता है, जब वोल्टेज अधिक से कम होते हैं उसे स्टेप डाउन ट्रांसफार्मर, और जब वोल्टेज कम से अधिक होते हैं उसे स्टेप अप ट्रांसफार्मर कहते हैं । अन्य वर्गीकरण कोर के अनुसार (कोर टाइप और शेल टाइप), फेज के अनुसार (सिंगल फेज, थ्री फेज), वाईंडिंग के अनुसार (सिंगल वाईंडिंग, टू वाईंडिंग) भी होता है ।

पावर ट्रांसफार्मर के बाहरी मुख्य अवयव होते है – मैन टेंक, रेडिएटर्स, कंजरवेटर टैंक, सिलीकाजेल ब्रीडर, पोर्सलीन बुशिंग स्टड, बुकोल्ज़ रिले, नेम प्लेट, आयल एंड वाईंडिंग टेम्प्रेचर इंडीकेटर मीटर, टेप चेंजर आदि, तथा भीतरी अवयवों में मुख्य होते है – लेमीनेशन, एचटी, एलटी वाईंडिंग कोइल, ट्रांसफार्मर आयल (तेल) टेप चेंजर मेकेनिज़्म आदि ।

उपरोक्त के अतिरिक्त भी अन्य ट्रांसफार्मर होते हैं - जैसे - बेल्डिंग ट्रांसफार्मर, सीटी (करेंट ट्रांसफार्मर), पीटी (पोटेन्शियल ट्रांसफार्मर), सीटी पीटी यूनिट (एमई – मीटरिंग/मेजरींग यूनिट) होते हैं । सीटी का अनुपात (रेशो - प्राइमरी/सेकेन्डरी) प्राय: 100-50/5, 200-100/5, 300–150/5, 400–200/5, 500–250/5,- - - आदि तथा ईएचटी (अति उच्च दाब उपकेन्द्रों) 100–50/1, 200–100/1, 300–150/1, 400–200/1, 500-250/1 - - आदि रहता है । पीटी का अनुपात (रेशो - प्राइमरी/सेकेन्डरी) 11केवी/110 वोल्ट, 33केवी/110 वोल्ट - -- आदि रहता है ।

ट्रांसफार्मर की क्षमता केवीए (किलो वोल्ट एम्पीयर) या एमवीए (मेगा वोल्ट एम्पीयर) में नापते/कहते/बोलते हैं ।

16 - **उपकेंद्र/सब - स्टेशन/पावर हाउस** – यह स्थान वह स्थान कहलाता है जहां पर सप्लाई का वोल्टेज बदला जाता है पावर ट्रांसफार्मर के द्वारा तथा 33 केवी फीडरों का

आना/जाना (इंकमिंग/आउट गोइंग) के साथ 11 केवी फीडरों का निकलना/जाना (आउट गोइंग) और इन सब का नियंत्रण/कंट्रोल का कार्य । अक्सर 33 केवी से 11 केवी में वोल्टेज बदलने से इसे 33/11 केवी विद्युत उप - केंद्र/सब - स्टेशन/पावर हाउस कहते हैं । सब स्टेशन को दो हिस्सों में बांटा जाता है –

आउट डोर एरिया –

यह एरिया यार्ड फेंसिंग या चार दीवारी के अंदर का एरिया होता है जहां खंभे/पोल, बसबार, पावर ट्रांसफार्मर, वीसीबी (ब्रेकर), आइसोलेटर, एबी स्विच, लाइटिनिंग अरेस्टर (33 केवी व 11 केवी) सब - स्टेशन यार्ड स्टेशन ट्रांसफार्मर (11/0.4 के वी), अर्थिंग्ग सिस्टम, कंट्रोल केबिल, यार्ड लाइटिंग आदि होते हैं ।

इंडोर उपकरण (कंट्रोल रूम - नियंत्रण कक्ष) - कंट्रोल रूम के अंदर कन्ट्रोल पैनल (33 केवी, 11 केवी ट्रांसफार्मर/फीडर पैनल रिले सहित), बैटरी एवं चार्जर (30 वोल्ट डीसी), एसी डिस्ट्रीब्यूशन बोर्ड, डीसी डिस्ट्रीब्यूशन बोर्ड, कंट्रोल केबिल, टी एंड पी व सुरक्षा उपकरण, ओथराइजेशन चार्ट, फ़र्स्ट ऐड बॉक्स तथा उपकेंद्र से संबन्धित रिकॉर्ड (अभिलेख) आदि ।

17 – **वीसीबी–** इसका पूरा नाम वेक्यूम सर्किट ब्रेकर है इसमें लाइन का सर्किट वैक्यूम (हवा रहित) चेम्बर में काटा जाता है । वीसीबी का उपयोग फीडर सप्लाई को चालू/बंद करने के लिए उपयोग होता है ।

18 – **कंट्रोल पैनल** – वीसीबी को संचालित करने के लिए कंट्रोल पैनल लगाए जाते हैं जिसमें से दो ओवर करेंट की रिले, एवं एक अर्थ फाल्ट की रिले लगी होती है । साथ ही उसमें वोल्टेज एवं करेंट नापने हेतु वोल्ट मीटर एवं एम्पीयर मीटर लगे होते हैं । बिजली की खपत नापने के लिए के डब्ल्यू एच मीटर लगा होता हैं ।

19 – **रिले** – एक विशेष प्रकार का उपकरण होता है जो कि वीसीबी में लगा होता है । लाइनों में जब निर्धारित मात्रा से ज्यादा करेंट बहने लगता है या कंडक्टर टूटता या लाइन के तार आपस में टकराने पर सीटी के द्वारा असामान्य करेंट रिले को मिलता है, तब रिले के कॉंटेक्ट आपस में मिल जाते हैं एवं बैटरी की डीसी सप्लाई ही वीसीबी की ट्रिप क्वाइल को चार्ज कर देती है, तब उसमें लगी घुंडी मेकेनिज़म बॉक्स में लगे लीवर को धक्का मार देती है, जिसके फलस्वरूप वीसीबी ट्रिप हो जाती है । वीसीबी में लगने वाली रिले दो प्रकार की होती हैं – 1- ओवर करेंट और 2- अर्थ फाल्ट

ओवर करेंट रिले – जब लाइन में निर्धारित मात्रा से अधिक करेंट बहता है, अर्थात लोड अधिक हो जाता है या फेज आपस में टकरा जाएं, तब ओवर करेंट रिले स्वत: (ओटोमेटिक) उपरोक्त अनुसार कार्य करती है । यह वीसीबी में आर एवं बी फेज पर स्थापित होती है । इसमें लाइन में बहने वाले करेंट की मात्रा निर्धारित करने की व्यवस्था होती है ।

अर्थ फाल्ट रिले – जब लाइन के फेज किसी तरह से अर्थ हो जाएं जोकि कंडक्टर के टूटने या इंसुलेटर के फूटने इत्यादि से होते हैं, पर अर्थ फाल्ट रिले स्वत: (ओटोमेटिक) संचालित होकर लाइन की वीसीबी को ट्रिप कर देती है ।

विशेष– जब कभी लाइन का जमफर जल/टूट जाय तब लाइन में अर्थ फाल्ट अथवा ओवर करेंट का कारण नहीं बनता उस समय कोई ट्रिपिंग नहीं होगी, और न ही पैनल पर कोई इंडीकेशन आयेगा । ऐसी स्थिति में केवल ड्यूटी ऑपरेटर तीनों फेजों पर लोड और वोल्टेज नापने/देखने से पता चलता है अथवा क्षेत्र (फील्ड) से कम वोल्टेज मिलने की शिकायत पर पता चलेगा ।

20 - आइसोलेटर/एबी स्विच – ये उपकरण अधिकतर बंद लाइन को खोलने या चालू करने के लिए उपयोग होते हैं, एबी स्विच को एयर ब्रेकर स्विच कहते है क्योंकि यह खुली हवा में खोलना/लगाना होता है । इसमें एक मेल तथा दूसरा फ़ीमेल पार्ट होते हैं, एबी स्विच खुले होने की स्थिति में मेल फेमेल पार्ट एक दूसरे से अलग होते हैं या इसी को एबी स्विच का खुला होना कहते हैं । जब मेल और फ़ीमेल पार्ट्स एक दूसरे के संपर्क में होते हैं उस स्थिति को एबी स्विच का चालू रहना या लगा होना कहते हैं । आइसोलेटर एबी स्विच इस प्रकार भिन्न होता है कि वह दो तरफ से खुलता और लगता है कहने का आशय यह है कि इसमें दो मेल और दो फ़ीमेल पार्ट्स होते हैं अर्थात यह दो स्थान पर खुलता है और दो ही स्थान पर लगता है ।

https://tse2.mm.bing.net/
th?id=OIP.ulC2CnvmBaY3OviWV9Sc-
11केवी एबी स्विचएवं आइसोलेटर gHaHa&pid=Api&P=0&w=300&h=300

11 केवी डीओ (ड्रॉप आउट) फ्यूज –

21- बुकोहल्ज़ रिले – यह ट्रांसफार्मर के ऊपर कंजरवेटर टैंक के नीचे लगी रहती है । जब ट्रांसफार्मर में अंदरूनी खराबी के कारण अनचाही गैस बनती है तब यह रिले कार्य करती है एवं कंट्रोल रूम में लगी बुकोहल्ज़ रिले वाली घंटी बजने लगती है एवं ट्रांसफार्मर की सुरक्षा हेतु वीसीबी को ट्रिप कर देती है ।

22 – एक्सप्लोजन वेंट –

ट्रांसफार्मर टैंक के टॉप पर काफी परिधि वाला एक संकरा पाइप लगाया जाता है । इसके दोनों तरफ डाइफ्रेम फिट कर दिए जाते हैं । एक डाइफ्रेम आयल टैंक के बीच और दूसरा डाइफ्रेम पाइप के आखिर में कॉपर का लगा होता है ।

जब भी ट्रांसफार्मर के अंदर कोई बड़ा फाल्ट आता है अथवा बड़ी मात्रा में ट्रांसफार्मर टैंक के अंदर गैसें बन जाती हैं तो इन गैसों के प्रेशर के कारण नीचे वाला डाइफ्रेम फट जाता है और ऊपर वाले डाइफ्रेम से गैस व तेल का दबाव पड़ने पर वह टूट जाता है जिससे ट्रांसफार्मर के अंदर फाल्ट होने की हालत का पता चलता है । इस बचाव के कारण ट्रांसफार्मर टैंक से तेल बाहर निकल जाता है और ट्रांसफार्मर फटने से बच जाता है । कभी -कभी नीचे वाला डाइफ्रेम

बिना किसी फाल्ट के भी तेल का दबाव पड़ने से फट जाता है और ऐसे मामले में तेल ग्लास विंडो से दिखाई देने लगता है ऐसी हालत में फटे हुए डाइफ्रेम को बदल देने की कार्यवाही तुरंत की जाती है ।

23 – **कंजरवेटर टैंक** – ट्रांसफार्मर के अंदर तेल का प्रसारण अथवा संकुचन (बढ़ना या सिकुड़ना) के कारण कंजरवेटर टैंक लगाया जाता है । कंजरवेटर टैंक को एक्स्पेंशन टैंक भी कहते हैं । यह टैंक एक पाइप के जरिए वाल्वों से होकर मेंन टैंक से जुड़ा होता है । कंजरवेटर टैंक में तेल का स्तर जितनी मात्रा आ सकती है उसके आधे पर बनाये रखी जाती है । कंजरवेटर टैंक के बाहर दिखाई देने के लिए एक आई लेवल इंडीकेटर भी लगाया जाता है । जब भी ट्रांसफार्मरर का लोड बढ़ जाता है ,ट्रांसफार्मर के अंदर का तेल गर्मी के कारण फैलता है और आयल लेवल बढ़ जाता है । ऐसी हालत में अगर काफी जगह उपलब्ध न हुई , तो ट्रांसफार्मर टैंक का ऊपरी कवर अत्यधिक दबाव के चलते फट जाता है । लेकिन कंजरवेटर टैंक लगा होने के चलते यह बढ़ा हुआ तेल कंजरवेटर टैंक में चला जाता है और मेंन टैंक में तेल का लेवल ज्यों का त्यों बना रहता है ,इस कारण से वाईंडिंग और रेडिएटर्स को एक्सपोजर के चलते होने वाला नुकसान बच जाता है क्योंकि आंशिक रूप से वैक्यूम नहीं बन पाता ।

इक्वेलाइजर पाइप – कंजरवेटर टैंक और एकसप्लोजन वेंट को जोड़ने वाली पाइप को इक्वेलाइजर पाइप कहा जाता है । अगर कम मात्रा में गैस ट्रांसफार्मर टैंक में बनती भी है ,तो वह कनजरवेटर टैंक में इकट्ठी हो जाती है । ये गैसें एकसप्लोजन वेंट और कंजरवेटर टैंक पर बराबर दबाव बनाये रखती हैं और इक्वेलाइजर पाइप इस काम में उनकी सहायता करता है ।

24 – **ब्रीदर**- ट्रांसफार्मर में लोड कम ज्यादा होने से ट्रांसफार्मर का तेल फैलता या संकुचित होता है । जब भी तेल फैलता है ,कंजरवेटर टैंक की हवा बाहर निकाल जाती है और जब कंजरवेटर के अंदर हवा घुसती है तो तेल में संकुचन होता है । इस एक्शन को ब्रीदिंग एक्शन कहा जाता है । इस काम के लिए कंजरवेटर टैंक के नीचे एक ब्रीदर कनेक्ट कर दिया जाता है । यह एक पाइप होता है जो अंदर की ओर निकलता है । ब्रीदर में सिलीका जेल क्रिस्टल भरे होते हैं और इसके नीचे एक छोटा कप लगाया जाता है जिसमें छेद होता हैं । इसमें बहुत कम मात्रा में तेल भरा होता है । सिलिका जेल क्रिस्टल हवा से नमी सोख लेते हैं और कंजरवेटर टैंक में हवा को जाने देते हैं जबकि ब्रीदर के नीचे के कप में स्थित तेल ब्रीदर में जाने से पहले ही धूल के कणों को खींच लेता है ।

हवा जाने के लिए रास्ता – नमी सोखने के कारण, सिलिका जेल क्रिस्टल का नीला रंग गुलाबी हो जाता है । इस प्रकार के रंग के (गुलाबी रंग) सिलिका जेल के क्रिस्टल गरम करके अथवा किसी कागज पर बिछा कर धूप में सुखाने से फिर से एक्टीवेट (पुन: नीला रंग हो जाना) कर दिए जाते हैं । इन्हें एक धातु के बर्तन में धीरे -धीरे गरम करने से एक्टीवेट हो जाते हैं । जब भी ये क्रिस्टल सफ़ेद हो जाते हैं , ये बेकार हो जाते हैं और इनकी जगह

दूसरे सिलिका जेल क्रिस्टल लगाने/भरने पड़ते हैं । नीचे के कप में तेल भी गंदा हो जाने पर बदलने की जरूरत पड़ती है ।

जब भी नए ब्रीदर के कप में आयल भरे तब कप के नीचे सांस लेने के लिए बने छेद से लगे टेप को अवश्य हटा दें अन्यथा कि स्थिति में ब्रीदर ब्रीदिंग का कार्य नहीं करेगा ।

25 - टेप चेंजर –

पावर ट्रांसफार्मर में टेप चेंजर दो कारणों से वोल्टेज कंट्रोल करने के लिए जरूरी होता है –

क - जेनरेटिंग स्टेशनों को जोड़ने वाली लाइनों में के डब्ल्यू और केवीए ओवर फ्लोपर नियंत्रण के लिए ।

ख – भारतीय विद्युत नियमों के अनुसार एलटी उपभोक्ता के लिए वोल्टेज स्तर (+ 6% या – 6 %) बनाये रखने के लिए ।

टैंक के बाहर लगे टेप चेंजर स्विच और टेपिंगसकी मदद से एचवी वाईंडिंग पर मोड़ों (टर्न्स) की संख्या बदलकर वोल्टेज नियन्त्रण किया जाता है । किसी तीन फेज वाले ट्रांसफार्मर में स्विच इस तरह से लगाए जाते हैं कि तीनों बाइण्डिनग्सका संपर्क एक साथ ही बदला जा सके इस टेप चेंजिंग एसेम्बली को टेप चेंजर कहा जाता है । टेप चेंजर दो प्रकार के होते हैं –1-ऑफ लोड टेप चेंजर और 2- ऑन लोड टेप चेंजर

26- रेडियेटर्स - इनका इस्तेमाल ट्रांसफार्मरों में सुरक्षित सीमा तक तापमान नियंत्रण करने के लिए होता है । रेडियेटर्स में फिन लगे होते हैं जिसके जरिए तेल की गर्मी बेहतर ढंग से निकल जाती है । तेल गरम होकर रेडियेटर्स ट्यूब/फिन में जाता है और इस तरह से गर्मी वायुमंडल में चली जाती है । यहाँ पर कंडकशनऔर रेडियेशन का सिद्धांत काम करता है । रेडियेटर्स तेल को नीचे की ओर सरकुलेट करता है क्योंकि मेन टैंक में गरम तेल ऊपर की ओर जाता है और बाद में रेडियेटर्स में पहुंचता है । वायुमण्डल में गर्मी निकल जाने के बाद तेल ठंडा हो जाता है और मेन टैंक में चला जाता है ।

आखों से निरीक्षण करने पर ट्रांसफार्मर आइल की तुलना निम्नलिखित प्रकार से की जा सकती है -

तेल का रंग - तेल की क्वालिटी

पीला/पारदर्शी/चमकदार - बहुत अच्छा

पीला/भद्दा - अच्छा

भूरा - अच्छा नहीं

काला/भूरा - मिलावटी

काला - फेकने लायक

27- **लाइटिनिंग अरेस्टर** – उपकेंद्र पर 33 केवी एवं 11 केवी के लाइटिनिंग अरेस्टर पावर ट्रांसिफार्मर की सुरक्षा के लिए लगाए जाते हैं । ये ट्रांसफार्मर के पास 33 केवी एवं 11 केवी दोनों तरफ निकट लगाए जाते हैं । उपकेंद्र में जोड़ने वाली मीलों लंबी 33 केवी एवं 11

केवी मीलों लंबी लाइनों पर बादलों द्वारा आकाशीय विद्युत का चार्ज पैदा होता है जिसकी तीव्रता विद्युत लाइन के वोल्टेज से कई हजार गुना अधिक होती है जिससे ट्रांसफार्मर को नुकसान पहुँच सकता है । 33 केवी एवं 11 केवी के तरफ क्रमश: 30 केवी (आरएमएस) एवं 9 केवी (आरएमएस) क्षमता के लाइटिनिंग अरेस्टर लगाने से आकाशीय विद्युत का चार्ज लाइटिनिंग अरेस्टर के माध्यम से अर्थ हो जाता है, जिससे ट्रांसफार्मर को नुकसान से बचाव होता है । इनकी डबल अर्थिंग अलग से अर्थ पिट बनाकर करना चाहिए ।

लाइटिनिंग अरेस्टर की पोर्सलीन इंसुलेटर को मेंटेनेंस के समय सफाई कर क्रेक चेक करना चाहिए । तथा अर्थ भी टाइट करना चाहिए । अर्थ की आईआर वैल्यू नियमानुसार करना चाहिए । इसका रजिसटेंट (प्रतिरोध) जीरो (शून्य) ओहम रखा जाना चाहिए।

2

तकनीकी हानि एवं वाणिज्यिक हानि

तकनीकी हानि एवं वाणिज्यिक हानि

तकनीकी हानि (टेक्नीकल लॉस)-

विद्युत प्रणाली में विद्युत आपूर्ति करते समय, 66 केवी लाईन, 33 केवी लाईन, 66/11, 33/11 केवी उपकेंद्र (सब-स्टेशन), 11 केवी लाईन, वितरण ट्रांसफार्मर (डीटीआर), एलटी लाईन, उपभोक्ता की सर्विस लाईन, अर्थात उपभोक्ता मीटर से होने वाली हानि तकनीकी हानि कहलाती है ।

1 - **वोल्टेज ड्रॉप** (लम्बी लाईन, पतला कंडक्टर वायर, ढीले जम्फर, सीपेज /लीकेज/ इंसुलेटर/ट्री ब्रांच)

समाधान/निराकरण – फीडर की लम्बाई तथा फीडर का लोड (भार) कम करें (अतिरिक्त नवीन फीडर निर्माण, फीडर के कंडक्टर वायर की क्षमता वृद्धि, लाइनों का संधारण)

2 - **लोड - करेंट** – हानि, करेंट x करेंट x प्रतिरोध के अनुसार होती है, लंबी लाईन, ज्यादा लोड, पतला कंडेक्टर वायर

निराकरण – फीडर का भार (लोड) सामान्यतः 100 - 150 एम्पीयर से अधिक नही हों, उचित साइज का कंडेक्टर वायर और फीडर की लम्बाई कम हो, (अतिरिक्त नवीन फीडर निर्माण, फीडर के कंडक्टर वायर की क्षमता वृद्धि, लाइनों का संधारण), एलटी लाइनों में केबिल का उपयोग

3 – **इम्पीडेंस – (प्रतिबाधा)** - लाईन का इम्पीडेंस लाईन के कंडक्टर की साईज़, लाईन लम्बाई, कंडक्टर मेटीरियल आदि पर निर्भर

निराकरण – कम इम्पीडेंस के लिए उचित साइज का कंडक्टर वायर, फीडर की लम्बाई कम हों

4 - **पावर फेक्टर** – (पी एफ) (शक्ति - गुणक) यह लाईन की लम्बाई, लाईन से संबन्धित लोड पर निर्भर

निराकरण – इंडेक्टिव लोड के अनुसार केपेसिटर का उपयोग

5 - **ट्रांसफार्मर- (परिणामित्र)** – निम्न गुणवत्ता के ट्रांसफार्मर (स्टार रेटिंग नही), ट्रांसफार्मर लोड सेंटर में स्थापित न होना, ट्रांसफार्मर पर अंबेलेंस्ड लोड, खराव अर्थिङ्ग/ रख-रखाव

निराकरण – उच्च गुणवत्ता का ट्रांसफार्मर लगाना, (स्टार रेटिंग), ट्रांसफार्मर लोड सेंटर में स्थापित करना, भार (लोड) के अनुरूप ट्रांसफार्मर की क्षमता वृद्धि/अतिरिक्त स्थापना एवं लोड बेलेंसिंग करना, अर्थिङ्ग ठीक करना/संधारण करना ।

6 - ऊर्जा - दक्ष उपकरणों का उपयोग न करना - बल्व, ट्यूब लाईट के स्थान पर एलईडी का प्रयोग न करना, स्टार रेटिंग उपकरण का उपयोग न करना, मितिव्ययता न वरतना आदि ।

निराकरण - जागरूकता अभियान चलाना, प्रचार/प्रसार – ऊर्जा दक्ष उपकरणो का उपयोग, एलईडी का उपयोग, स्टार रेटिंग उपकरण का उपयोग, मितिव्ययता वरतना आदि

वाणिज्यिक हानि (कोमर्सीयल लॉस) -

1 - **मीटर** – रीडिंग - गलत – रीडिंग, मीटर गुणांक, सीटी/पी टी रेशो

निराकरण – स्पॉट बिलिंग, औटोमेटिक मीटर रीडिंग

2 - **मीटर** – मीटर बन्द, खराब, जला, सीटी/पीटी बाई पास, तथा उचित बिलिंग न होना, मीटर वायपास अथवा चोरी

निराकरण - समय से ऐसे मीटरों का पता लगाना और बदलना, भारतीय विद्युत अधिनियम 2003 के अनुरूप मीटर बाहर लगाना, एलटी ओवर हेड लाइनों के स्थान पर केबिल का उपयोग, चोरी पकड़ना ।

3 - **बिलिंग** – उचित बिलिंग गणना नही, पावर फेक्टर, केपेसिटर/बेल्डिंग सर चार्ज की बिलिंग न करना, पुराने एरीयर परब्याज की गणना न होना, उचित टैरिफ़ के अनुसार बिलिंग न होना

निराकरण – उपभोक्ता से संबन्धित उचित जानकारी भरना, एएमआर व्यवस्था उपयोग करना

4 - **बिल वितरण** – समय से बिल वितरण न होना, सम्बन्धित उपभोक्ता को दूसरे उपभोक्ता का बिल वितरण, बिल वितरण ही न होना

निराकरण – स्पॉट बिलिंग, ई-मेसेज इंटर नेट द्वारा

5 - **राजस्व संग्रहण (रेवेन्यू कलेक्शन)** - समय पर भुगतान लेने की असुविधा (कार्यालीन समय के अतिरिक्त) गलत नोट ले लेना, नोटों की गिनती में त्रुटि करना,

निराकरण - कलेक्सन किओस्क (एटीपी) स्थापित करना, इन्टरनेट बैंकिंग, व अन्य ई-एप का उपयोग, तथा प्रीपैड मीटर लगाना

6 - **उपभोक्ता संवाद/व्यवहार** - उपभोक्ता की बिल संबन्धित शिकायत का निराकरण न होना, शासन द्वारा प्रचलित योजना का लाभ न मिलना, आदि

निराकरण – उपभोक्ता समस्याओं का समय से उचित निराकरण, उपभोक्ता संवाद बनाए रखना, नियमित भुगतान करने वाले उपभोक्ताओ के लिए प्रोत्साहन योजना, राजस्व वसूली अधिक करने वाले कर्मचारी/अधिकारियों को प्रोत्साहित करना, विभागीय कार्यशाला/सेमीनार कर उचित नवीन नियमों पर चर्चा एवं उनका क्रियान्वन करना ।

3

कैपेसिटर - सामान्य जानकारी

कैपेसिटर - सामान्य जानकारी

कैपेसिटर प्रतीक चिह्न (Symbols) मुख्यतः तीन प्रकार का होता है : फिक्स्ड कैपेसिटर (Fixed Capacitor), पोलराइज़्ड कैपेसिटर (Polarized capacitor), वेरिएबिल कैपेसिटर (Variable capacitor) जिन का प्रतीक चिह्न (Symbols) नीचे दिया गया है -

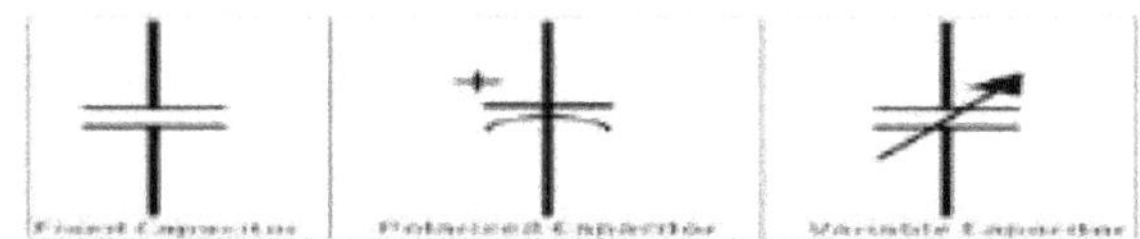

फिक्स्ड कैपेसिटर, पोलराइज़्ड कैपेसिटर, वेरिएबिल कैपेसिटर

फिक्स कैपेसिटर *(Fixed Capacitor)*

फिक्स कैपेसिटर वह होते हैं जिनका मान बदला नहीं जा सकता. और इन में प्रयोग होने वाले डाई इलेक्ट्रिक के आधार पर यह आगे कई प्रकार के होते हैं.

1. पेपर कैपेसिटर

इस प्रकार के चित्रों में पेपर डाई इलेक्ट्रिक का इस्तेमाल किया जाता है और यह पेपर मोम या तेल में डूबा होता है. इन कैपेसिटर की परत बारीक एल्मुनियम या टिन की होती है. इस प्रकार के कैपेसिटर में दो परत TIN Foil और दो परत पेपर की होती है. और इन औरतों को एक दूसरे के ऊपर रखा जाता है और इन को आपस में लपेटकर इन पर मोम डाला जाता है इनकी क्षमता लगभग 600 वाल्ट तक होती है और इनकी कैपेसिटी 0.001 µF से 1.0 µF तक हो सकती है और इनका इस्तेमाल सबसे ज्यादा रेडियो-टीवी इत्यादि में किया जाता है.

2. सिरेमिक कैपेसिटर

इस प्रकार के कैपिसिटर में एल्मुनियम की दो प्लेट होती है जिन्हें सिरामिक कंपाउंड की परत से अलग किया जाता है यह कैपिटल बहुत ही छोटे आकार के होते हैं और इनकी क्षमता 5PF से 0.1 µF तक होती है. इस प्रकार के रजिस्टर का इस्तेमाल ज्यादातर इलेक्ट्रॉनिक्स के सर्किट में किया जाता है.

3. माइका कैपेसिटर

इस प्रकार के रजिस्टर में माइका को डाई इलेक्ट्रिक के रूप में इस्तेमाल किया जाता है इस में धातु कोयल और मायका की परत को एक दूसरे के ऊपर बारी-बारी से रखकर किसी दबाव से लपेटा जाता है और इनमें कैपेसिटेन्स (Capistance) की मात्रा बिल्कुल कम होती है और इन पर तापमान का कम असर होता है .इस प्रकार की कैपेसिटर की कैपेसिटी 500PF से भी कम होती है और इनका इस्तेमाल रेडियो और टेली कम्युनिकेशन के सर्किट में किया जाता है.

4. इलेक्ट्रोलाइट कैपेसिटर

इस बार के टेस्ट में इलेक्ट्रोलाइट को डाई इलेक्ट्रिक के रूप में इस्तेमाल किया जाता है यह दो एल्मुनियम की भर्ती से बनाया जाता है जिसमें 1 पर आउट साइड की परत चढ़ाई जाती है इलेक्ट्रोलाइट अधिकतर अमोनियम बोरेट या सोडियम फास्फेट का गोल होता है इन्हें दो प्रकार से बनाया जाता है. गिले रूप में और अर्ध शुष्क रूप में.

वेरिएबल कैपेसिटर-

इस प्रकार के रजिस्टर का मान बदला जा सकता है. इन कैपेसिटरों की प्लेट में हवा को डाई इलेक्ट्रिक के रूप में इस्तेमाल किया जाता है और यह कैपेसिटर बहुत ही कम कैपेसिटी के बने होते हैं. इस कैपेसिटर की प्लेटे एक सॉफ्ट के साथ में जुड़ी होती है जो कि अंदर घूमती

है जिसके कारण इस की कैपेसिटी को कम या ज्यादा किया जा सकता है. यह कैपेसिटर ज्यादातर रेडियो या टीवी (TV) में इस्तेमाल किया जाता है.

बेसिक सर्किट - कैपेसिटर *(Basic Circuits of a Capacitor)*

कैपेसिटर को सर्किट में दो तरह से लगाया जा सकता है समानांतर या क्रमबद्ध (Series) तो नीचे आपको यह दोनों तरीके दिखाए गए हैं और इनमें क्या अंतर हैं यह भी बताया गया है.

कैपेसिटर सीरीज (श्रेणी क्रम) कनेक्शन *(Capacitors Connected in Series)*

जब दो या दो से अधिक का पत्थरों को सीधे एक-दूसरे के सिर पर जोड़ा जाए इस प्रकार के कनेक्शन को सीरीज कनेक्शन कहते हैं. और सीरीज कनेक्शन में जुड़े हुए सभी कलेक्टर का चार्ज एक समान होता है. परंतु इनकी वोल्टेज अलग-अलग होती है नीचे आपको सीरीज में कैपेसिटर के कनेक्शन दिखाए गए हैं.

https://i0.wp.com/www.enggbharat.com/wp-content/uploads/2017/11/Capacitors-Connected-in-Series.png?resize=323%2C236

उपरोक्त डायग्राम में देख सकते हैं कि कैपेसिटर C1, C2, C3 क्रम में लगाए गए हैं और इन तीनों कैपेसिटरो पर दी गई वोल्टेज V1, V2, V3 होगी और इन क्रम में जुड़े कैपेसिटरो का चार्ज F एक समान होगा.

जब तक कैपिसिटर सीरीज में लगे होंगे तब इनका का कैपेसिटेन्स (capacitance) निकालने का फार्मूला नीचे दिया गया है. क्योंकि जब यह सीरीज में जुड़े होंगे तो यह अलग तरीके से इनका कैपेसिटेन्स (capacitance) निकलेगा और जब यह समानांतर जुड़ेंगे तब इनका कैपेसिटेन्स (capacitance) अलग तरीके से निकलेगा.

https://i0.wp.com/www.enggbharat.com/
wp-content/uploads/2017/11/
Capacitance.png?resize=277%2C273

कैपेसिटर समानान्तर कनेक्शन *(Capacitors Connected in Parallel)*

दो या दो से अधिक कैपिटल के टर्मिनलों को नेगेटिव टर्मिनल को नेगेटिव टर्मिनल से पॉजिटिव टर्मिनल को पॉजिटिव टर्मिनल से जोड़ा जाए तो यह सामानांतर जुड़ जाते हैं जिसे पैरलेल कनेक्शन कहते हैं.नीचे आपको तीन कैपेसिटर पैरलल कनेक्शन के साथ में दिखाए गए हैं

https://i0.wp.com/www.enggbharat.com/wp-content/uploads/
2017/11/Capacitors-Connected-in-Parallel.png?resize=403%2C135

जब कैपेसिटर समानांतर जुड़े होते हैं तो इनका कैप्सटेंस आपस में जुड़ जाता है जिस का फार्मूला आपको नीचे दिखाया गया है.

C Total = C1 + C2+.............. +Cn

इन दोनों फार्मूला से आप किसी भी कैपेसिटर का कैपेसिटेन्स (capacitance) माप सकते हैं.

कैपेसिटर का उपयोग

कैपेसिटर का इस्तेमाल बहुत से सर्किट में किया जाता है **कैपेसिटर** का कार्य होता है कि वह एसी (AC) सप्लाई को जाने देता है और डीसी (DC) सप्लाई को रोक लेता है इसीलिए इसका इस्तेमाल बहुत सारी सर्किट में आपको देखने को मिलेगा जिनके कुछ सर्किट ओ के नाम नीचे दिए गए हैं.

• फिल्टरेशन सर्किट (Filtration circuit)

• कप्लिंग सर्किट (Coupling circuit)

• डिले टाइमिंग सर्किट (Delay Timing circuit)

• कैपेसिटर पोलरिटी (Capacitor Polorit)

कैपेसिटर कैसे चेक करे

यदि किसी कैपेसिटर की कंटीन्यूटी (continuity) चेक करने पर मीटर की सुई कोई डिफ्फ्लेक्शन नहीं देती है मतलब अधिकतम रजिस्टेंस (resistance) दिखता है। तो कैपेसिटर सही भी हो सकता है और ओपन भी हो सकता है। क्युकी न तो सही कैपेसिटर डीसी (dc) को पास (pass) करता है न ओपन (open) कैपेसिटर।

शूटिंग कंडीशन (Shooting condition) :- यदि मीटर से कैपेसिटर की कन्टीन्यूटी चेक करने पर मीटर की सुई फुल डिफ्लेक्शन शो (full deflection show) करती है। मतलब मीटर की सुई बाये से दाई ओर शून्य पर आ जाती है तो कैपेसिटर शोर्ट (short) है।

कैपेसिटर (Capacitor)

वैसे तो किसी अचालक से पृथक किये गये दो चालको के बीच कैपेसिटी होते है परन्तु जब दो या अधिक चालक प्लेटो को अचालक के साथ संयोजित करके एक पुर्जे का रूप दे दिया जाता है जो निश्चित कैपेसिटेन्स प्रस्तुत करे तो उसे कैपेसिटर कहते है।इलैक्ट्रोनिक सर्किट में रेसिस्टर्स था इन्डक्टर्स की भांति ही कैपेसिटर भी बहुत उपयोगी पुर्जा है। इसका उपयोग एम्प्लीफायर्स, ऑसिलेटर्स फ़िल्टर सर्किट्स तथा अनेक प्रकार के अन्य इलैक्ट्रोनिक सर्किट्स में किया जाता है। कैपेसिटर एक ऐसी डिवाइस है जो अपने अन्दर चार्ज को स्टोर कर सकती है और जरूरत पड़ने पर उसे वापस भी कर सकती है। इसमें कम से कम दो प्लेटे होती है। जिनका क्षेत्रफल उस कैपेसिटर के कैपिस्टेन्स के ऊपर कार्य करता है। दोनों प्लेटो के बीच में एक इन्सुलेटिड मैटीरियल भरा जाता है। इस इन्सुलेटर की मोटाई भी कैपेसिटर के कैपेसिटेन्स को प्रभावित करती है इसके अलावा भरे जाने वाले इन्सुलेटर के प्रविधुताक पर भी निर्भर करती है। किसी भी कैपेसिटर के कैपेसिटेन्स की इकाई फैराडे होती है फैराडे एक बहुत बड़ी इकाई है इसलिए इसकी कुछ छोटी इकाई इस्तेमाल की जाती है।

Prefix Name	Abbreviation	Weight	Equivalent Farads
Picofarad	pF	10^{-12}	0.000000000001 F
Nanofarad	nF	10^{-9}	0.000000001 F
Microfarad	μF	10^{-6}	0.000001 F
Milifarad	mF	10^{-3}	0.001 F
Kilofarad	kF	10^{3}	1000 F

www.electronicman.in

Table

1 फैराडे = 10^3 मिली फैराडे

1 फैराडे = 10^6 माइक्रो फैराडे

1 फैराडे = 10^9 नैनो फैराडे

1 फैराडे = 10^{12} पिको फैराडे

कैपेसिटर्स का वर्गीकरण (Classification of Capacitors)

कैपेसिटर्स का वर्गीकरण कार्य के आधार पर किया जाता है जो निम्न है।

1-स्थिर कैपेसिटर्स (Fixed Capacitors) –जिन कैपेसिटर्स की कैपेसिटी स्थिर होती है अर्थात घटाई–बढाई नही जा सकती वे स्थिर कैपेसिटर्स कहलाते है, जैसे पेपर, माइक, इलेक्ट्रोलाइट आदि।

2- समायोजनीय कैपसिटर्स (Adjustable Capacitors)–जिन कैपेसिटर्स की कैपेसिटी किसी स्क्रू–ड्राइवर की सहायता से परिवर्तित करके आवश्यक मान पर सैट की जा सकती है वे समायोजनीय कैपेसिटर्स कहलाते है, जैसे – ट्रिमर, पैडर, आदि।

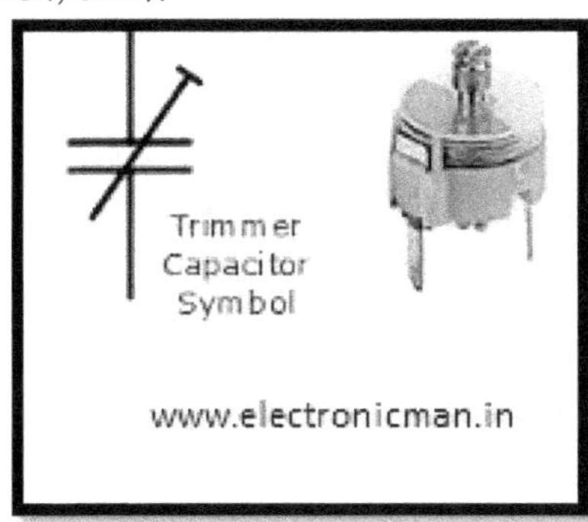

3- **परिवर्तनीय कैपेसिटर्स (Variable Capacitors)**–जिन कैपेसिटर्स का मान किसी शाफ्ट द्वारा सरलता से उसके अधिकतम तथा न्यूनतम मान के बीच कही भी सैट किया जा सकता है। वे परिवर्तनीय कैपेसिटर कहलाते है। जैसे गैंग कैपेसिटर

किसी भी सर्किट में तीन इलेक्ट्रॉनिक कम्पोनेंट बहुत महत्वपूर्ण होते है – रजिस्टर , कैपेसिटर और इंडक्टर। यहइलेक्ट्रिक चार्ज (Electric Charge) को स्टोर करता है साथ ही यह फ़िल्टर का काम भी करता है, मतलब एसी (AC) को पास करता है और डीसी (DC)को ब्लॉक करता है।

इसकाउपयोग कई डिवाइस में किया जाता है जैसे - चार्जर, टेलीविज़न, रेडियो आदि।

कैपेसिटर(Capacitor) एक पेसिव कम्पोनेंट (पेसिव कम्पोनेंट Passive Component वह होते है, जो पावर को उत्पन्न नहीं करते है बल्कि उन्हें स्टोर करते है या फिर छोड़ते है।)होता है, जिसको कंडेंसर (Condenser) के नाम से भी जाना जाता है।

यह इलेक्ट्रिकल एनर्जी (Electrical Energy) को इलेक्ट्रोस्टेटिक (Electrostatic) की फॉर्म में स्टोर करता है, इसके अलावा यह फ़िल्टर (Filter) का भी काम करता है।

कैपेसिटेंस किसे कहते है ?

कैपेसिटर के द्वारा चार्ज को स्टोर करने की क्षमता को कैपेसिटर (Capacitor) काकैपेसिटेंस (Capacitance) कहते है। कैपेसिटर के अंदर उपस्थित चार्ज उसके एक्रॉस पोटेंशियल डिफरेंस(Potential Difference) के समानुपाती होता है।

$$Q \propto V$$

$$Q/V = constant = C$$

यहाँ पर कांस्टेंट C को कैपेसिटर का कैपेसिटेंस कहते है।

अन्य शब्दों में चार्ज (Q) और पोटेंशियल डिफरेंस (V) के रेशिओ (Ratio) को कैपेसिटेंस (Capacitance) कहते है।

कैपेसिटेंस का मात्रक क्या है ?

कैपेसिटेंस (Capacitance) का एस आई (S I) मात्रकफैरड (Farad) होता है, जो कुलाम्ब (Coulomb)/ वोल्ट(Volt) के बराबर होता है। सामान्यतया फैरड कैपेसिटेंस का बड़ा मात्रक है इसलिए प्रैक्टिकली माइक्रो फैरड($1\mu F=10^{-6}F$), नैनो फैरड ($1nF=10^{-9}F$) या पिको फैरड ($1\,pF = 10^{-12}F$)काम में लिया जाता है।

कैपेसिटेंस किस पर निर्भर करता है ?

प्लेटो के क्षेत्रफल पर *(Area of plates)* –

किसी भी कैपेसिटर (Capacitor) का कैपेसिटेंस (Capacitance) प्लेटो के क्षेत्रफल के समानुपाती होता है।

अगर इसकी की प्लेटे बड़ी होगी तो उसमे चार्ज को स्टोर करने की क्षमता भी अधिक होगी और अगर प्लेटे छोटी होगी तो चार्ज को स्टोर करने की क्षमता भी कम होगी।

$$C\propto A \quad C= \text{Capacitance} \quad A= \text{Area}$$

प्लेटो के बीच की दुरी *(Separation between plates)* –

किसी भी कैपेसिटर (Capacitor) का कैपेसिटेंस (Capacitance) प्लेटो के बीच की दुरी के व्युत्क्रमानुपाती होता है।

इसका मतलब अगर प्लेटो के बीच की दुरी कम होगी तो उनका कैपेसिटेंस ज्यादा होगा और प्लेटो के बीच की दुरी ज्यादा होगी तो उनका कैपेसिटेंस कम होगा।

$$C\propto 1/D \quad C= \text{Capacitance} \quad D= \text{Distance}$$

कुचालक पदार्थ पर *(Dielectric material)* –

किसी भी कैपेसिटर (Capacitor) का कैपेसिटेंस (Capacitance) कुचालक पदार्थ की प्रकति पर भी निर्भर करता है।

हर कुचालक पदार्थ की क्षमता होती है कि वह कितनी इलेक्ट्रिक लाइन को एकत्रित कर सकता है। जिसे रिलेटिव परमितिविटी या डाइलेक्ट्रिक कॉन्स्टेंट (Dielectric Constant) कहते है।

अगर कुचालक पदार्थ की रिलेटिव परमितिविटी (Relative Permittivity) ज्यादा होगी तो उसका कैपेसिटेंस (Capacitance) भी ज्यादा होगा और अगर रिलेटिव परमितिविटी (Relative Permittivity) कम होगी तो उसका कैपेसिटेंस (Capacitance) भी कम होगा।

कैपेसिटर के प्रकार *(Type of Capacitor)*

एयर कैपेसिटर *(Air Capacitor)* -

इसका नाम एयर कैपेसिटर रखा गया है क्योंकि इसमें एयर का उपयोग Dielectric material के रूप में किया जाता है।

इस टाइप के कैपेसिटर वेरिएबल और फिक्स्ड दोनों टाइप के होते है, लेकिन वेरिएबल कैपेसिटर अपनी सिंपल बनावट के कारण अधिकतर उपयोग में लिए जाते है।

ये सामानयतया 10 से 400 pF की रेंज में उपलब्ध होते है। इनका उपयोग रेजोनेंस सर्किट, रेडियो ट्यूनर आदि में किया जाता है।

माइका कैपेसिटर (Mica Capacitor) –

इस टाइप के कैपेसिटर में माइका का उपयोग Dielectric material के रूप में किया जाता है, इसलिए इसका नाम माइका कैपेसिटर रखा गया है। इस कैपेसिटर में इंडक्टिव और रेसिस्टिव लॉसेस कम होते है।

ये सामानयतया 1pF से 0.1μF की रेंज में उपलब्ध होते है। इनका उपयोग रेजोनेंस सर्किट, रेडियो और टीवी ट्रांसमीटर आदि में किया जाता है।

पेपर कैपेसिटर(Paper Capacitor) –

पेपर कैपेसिटर में पेपर का उपयोग Dielectric material के रूप में किया जाता है। पेपर कैपेसिटर ज्यादा फिक्स्ड टाइप में उपयोग में लिया जाता है मतलब इनकी वैल्यू को चेंज नहीं किया जा सकता है।

ये सामानयतया 500pF से 50μF की रेंज में उपलब्ध होते है। इनका उपयोग High Voltage और High Current में इनका उपयोग है।

इलेक्ट्रोलायटिक कैपेसिटर (Electrolytic Capacitor) –

इस टाइप के कैपेसिटर में इलेक्ट्रोलायटिक का उपयोग Dielectric material के रूप में किया जाता है। इलेक्ट्रोलायटिक की पतली फिल्म का उपयोग होने के कारण इस टाइप के कैपेसिटर में कैपेसिटेंस की वैल्यू हाई होती है।

इसमें पोलेरिटी का बहुत ध्यान रखा जाता है, मतलब इसमें पॉजिटिव और नेगेटिव टर्मिनल का कनेक्शन सही तरीके से होना चाहिए, गलत कनेक्शन होने पर कैपेसिटर ख़राब हो सकता है।

ये सामानयतया 1μF से ऊपर की रेंज में उपलब्ध होते है।इनका उपयोग Voltage Fluctuation को कम करने में किया जाता है।

सेरेमिक कैपेसिटर(Ceramic Capacitor) -पेपर कैपेसिटर की तरह यह भी फिक्स्ड टाइप के होते है।

पेपर कैपेसिटर की तरह यह भी फिक्स्ड टाइप के होते है। इस टाइप के कैपेसिटर मे सेरेमिक का उपयोग Dielectric material के रूप में किया जाता है

सेरेमिक मैटेरियल की परमिटीविटी अधिक होने के कारण इस टाइप के कैपेसिटर की कैपेसिटेंस वैल्यू अधिक होती है। ये सामानयतया 1pF से 1 μF की रेंज में उपलब्ध होते है। इनका उपयोग Transmitter Station में किया जाता है।

***प्लास्टिक फिल्म कैपेसिटर(Plastic film Capacitor)* –**

इस टाइप के कैपेसिटर में प्लास्टिक का उपयोग Dielectric material के रूप में किया जाता है।प्लास्टिक के रूप में पॉलीस्टर(**Polyester**) और पॉलिस्ट्रीन (**polystyrene**)का उपयोग अधिकतर किया जाता है। ये कैपेसिटर आकार में छोटे और महंगे होते है।

ये सामानयतया 5pF से 0.5μF की रेंज में उपलब्ध होते है। इनका उपयोग Analog को Digital में परिवर्तित करने में किया जाता है

कैपेसिटर के उपयोग

- इसका उपयोग इलेक्ट्रिकल चार्ज को स्टोर करता है और आवश्यकता पड़ने पर स्टोर चार्ज को रिलीज़ कर देता है।
- कैपेसिटर D.C को ब्लॉक करता है और A.C को पास करता है। इस तरह कैपेसिटर फ़िल्टर के रूप मे भी कार्य करता है।
- कैपेसिटर को सर्किट में लगाने से सर्किट में उत्पन्न वोल्टेज स्पाइक को काम किया जा सकता है।
- एक इलेक्ट्रॉनिक सर्किट को दूसरे इलेक्ट्रॉनिक सर्किट से कनेक्ट करने के लिए भी कैपेसिटर का उपयोग किया जाता है, जिसे कपलिंग कैपेसिटर (Coupling Capacitor) भी कहा जाता है।

कैपेसिटर का उपयोग

कैपेसिटर को हम कंडेंसर भी कहते है इसको हम लगभग हर एक सर्किट (circuit) में देख सकते है और फैन (fan) में अपने जरूर देखा होगा कुछ उपयोग इस प्रकार हैं -

1. अल्टर्नेटिंग करेंट (एसी)और डाइरेक्ट करेंट (डीसी) स्टोर (Store) करने में कैपेसिटर का उपयोग होता है
2. पावर फेक्टर सुधार (Power Factor Correction) में कैपेसिटर का उपयोग होता है
3. घर के फैन (fan) और अन्य जगह कैपेसिटर का उपयोग होता है
4. त्युंड सर्किट (Tuned circuit) में कैपेसिटर का उपयोग होता है
5. सेल्फ डिफेंस (Self defense) के लिए गजेट (gadgets) में कैपेसिटर का उपयोग होता है
6. लो पास फ़िल्टर (Low pass filter) के लिए
7. नोइज फ़िल्टर (Noise Filter) के लिए

8. हाई पास फ़िल्टर (high pass filter) के लिए

4

पावर कैपेसिटर

पावर कैपेसिटर

कैपेसिटेन्स और कैपेसिटर्स –

कैपेसिटेन्स वह माप होती है जो किसी सर्किट में इलेक्ट्रिकल चार्ज स्टोर करने की क्षमता दिखाती है । कोई ऐसा उपकरण जिसे विनिर्दिष्ट मात्रा में कैपेसिटेन्स स्टोर करने के लिए बनाया जाता है, उसे कैपेसिटर कहते हैं । कैपेसिटर को हिन्दी में संधारित्र कहते हैं । कोई कैपेसिटर कंडक्टिव प्लेट की एक जोड़ी से बना होता है और इसके बीच में इंसुलेटिड मेटेरियल की एक बारीक पर्त डाली जाती है । इसी इंसुलेटिड मेटेरियल का दूसरा नाम डायलेक्ट्रिक मेटेरियल है । कैपेसिटर को आमतौर पर और इलेक्ट्रिकल ड्राइंग में सीधी लाइन और घुमावदार लाइन के कंबीनेशन से अथवा दो सीधी लाइनों के रूप में दिखाया जाता है ।

जब किसी कैपेसिटर की प्लेट पर वोल्टेज एप्लाई किया जाता है, एक प्लेट पर इलेक्ट्रोन्स डाले जाते हैं और दूसरी प्लेट से निकाले जाते हैं । इससे कैपेसिटर चार्ज हो जाता है । डायरेक्ट करंट किसी डायलेक्ट्रिक मेटेरियल के आर-पार प्रवाहित नही हो सकता है क्योंकि उसमें इंसुलेटर होता है लेकिन जब भी कैपेसिटर चार्ज हो जाता है डायलेक्ट्रिक के जरिये इलेक्ट्रिक फील्ड पैदा हो जाता है । कैपेसिटर की रेटिंग उस चार्ज की मात्रा से की जाती है जितना चार्ज वह होल्ड कर सकते हैं ।

किसी कैपेसिटर की कैपेसिटेन्स प्लेट के एरिया और दोनों प्लेटों के बीच दूरी तथा डायलेक्ट्रिक मेटेरियल के रूप में इस्तेमाल किए गए पदार्थ के प्रकार पर निर्भर करता है । कैपेसेटेन्स का प्रतीक चिह्न अंग्रेजी का अक्षर सी (C) है, और इसे फेराड एफ (F) के रूप में मापा जाता है । लेकिन फेराड एक बड़ी यूनिट होती है और अक्सर कैपेसिटर्स की रेटिंग माइक्रोफेराड अथवा पीकोफेराड के रूप में की जाती है ।

इंडक्टिव मोटर लोड के लिए कैपेसिटर लगाने से डिस्कोम और उपभोक्ता दोनों को लाभ होता है -

क्रमांक - डिस्कोम लाभ - उपभोक्ता लाभ

1 . - डिस्कोम लाभ - कैपेसिटर लगाने से सिस्टम (प्रणाली) का पावर फेक्टर बढ़ता है

उपभोक्ता लाभ - उपभोक्ता मोटर का पावर फेक्टर बढ़ता है

2. - डिस्कोम लाभ - यदि फीडर का लोड 100 से अधिक 120 -150 एम्पीयरलोड है तो कैसिटर उपयोग से लगभग 20 से 30 एम्पीयर लोड कम हो जाता है

उपभोक्ता लाभ - एक 10 अश्व शक्ति मोटर जो लगभग 15 -16 एम्पीयर करेंट ले रही थी कैपेसिटर के उपयोग होने पर लगभग 12 – 13 एम्पीयर करेंट लेगी

3. - डिस्कोम लाभ - डिस्कोम को राजस्व हानि कम होती है

उपभोक्ता लाभ - उपभोक्ता का कम बिल आता है

4. - डिस्कोम लाभ - कैपेसिटर उपयोग से लाइनों पर लगे उपकरण कम करेंट लेने से कम गरम होंगे और पूर्ण दक्षता से कार्य करेंगे

उपभोक्ता लाभ - कैपेसिटर उपयोग से मोटर अन्य उपकरण कम गरम होंगे व पूर्ण दक्षता से कार्य करेगे

5. - डिस्कोम लाभ - उसी केबिल क्षमता/ट्रांसफार्मर क्षमता से अधिक कनेकशन दिये जा सकते हैं

उपभोक्ता लाभ - मोटर कम करेंट लेने के कारण कम बिजली खर्च करेगी

6. - डिस्कोम लाभ - अच्छे वोल्टेज मिलने से उपभोक्ता/विभाग संतुष्टि होगी

उपभोक्ता लाभ - अच्छे वोल्टेज मिलने से कम यूनिट और बिल कम होगा, उपभोक्ता को लाभ होगा

विद्युत कैपेसिटर – मोटर 10 हॉर्स पावर –

एक हॉर्स पावर (अश्व शक्ति) = 746 वाट = 0.746 किलोवाट = 0.75 किलोवाट अत: 10 हॉर्स पावर = 7.5 किलोवाट ।

केवीए कोस फ़ाई = किलोवाट

पावर फ़ैक्टर = कोस फ़ाई = किलोवाट/केवीए

केवीए पावर = वर्गमूल 3 गुणा केवी (वोल्टेज फेज टू फेज) गुणा करेंट (एम्पीयर)

एलटी लाइन के वोल्टेज 0.433 लेने पर 1 एम्पीयर करेंट के लिए केवीए मान : -

केवीए = 1.732 गुणा 0.433 (केवी) गुणा 1 (एम्पीयर) = 0.7499 = 0.75 केवीए हुए, अर्थात करेंट में 0.75 से गुणा करने पर केवीए का मान निकल आयेगा

और 1 केवीए पावर के वोल्टेज 0.433 केवी हो तब करेंट का मान = 1/0.75 = 1.33 एम्पीयर होंगे अर्थात केवीए में 1.33 से गुणा करने पर करेंट का पता चल जाएगा ।

इस प्रकार निम्नांकित सारणी से आप पता लगा सकते हैं कि 10 हॉर्स पावर की मोटर कितने वोल्टेज पर कितने करेंट ले रही है तो पावर फ़ैक्टर क्या है ? और उसमें कितना सुधार आवश्यक है ।

क्रमांक - - 1, - - 2, - - 3, - - 4, - - 5, - - 6, - - 7.,

हॉर्स पावर - - 10, - - 10, - - 10, - - 10, - - 10, - - 10, - - 10. ,

किलोवाट - - 7.5, - - 7.5, - - 7.5, - - 7.5, - - 7.5, - - 7.5, - - 7.5. ,

पावर फैक्टर - - 1.0, - - 0.9, - - 0.8, - - 0.75, - - 0.7, - - 0.65, - - 0.60. ,

केवीए - - 7.50, - - 8.33, - - 9.37, - - 10 .00, - - 10.71, - - 11.56, - - 12.50. ,

करेंट (एम्पीयर) विभिन्न वोल्टेज पर

433 वोल्टेज - -(1.33 x केवीए) - - 10.00, - - 11.11, - - 12.50, - - 13.33, - - 14.29, - - 15.38, - - 16.67, .

400 वोल्टेज - - (1.45 X केवीए) - - 10.89, - - 12.08, - - 13.59, - - 14.41, - - 15.21, - - 16.72, - - 18.12, .

वोल्टेज 375 - - (1.54 x केवीए), - - 11.34, - - 12.81, - - 14.42, - - 15.38, - - 16.48, - - 17.75, - - 19.23, .

वोल्टेज 350 - - (1.64 x केवीए), - - 13.30, - -13.65, - - 1537, - - 16.39, - - 1756, - - 18.92, - - 20.43, .

वोल्टेज 300 - - (1.93X केवीए), - - 14.42, - - 16.02, - - 1803, - - 19.29, - - 20.60, - - 22.19, - - 24.04

उपरोक्त तालिका से स्पष्ट है कि समान किलोवाट (हॉर्स पावर) मोटर जैसे – जैसे पावर फैक्टर कम होता है केवीए कैपेसिटी बढ़ जाती है और उसके अनुरूप मोटर करेंट बढ़ता जाता है जिससे बिल अधिक बनता हैं ।

उपरोक्त सारणी से स्पष्ट है कि एक ही हॉर्स पावर मोटर क्षमता के होते हुए यदि वोल्टेज कम होते हैं तो करेंट बढ़ता है और उसी तरह पावर फ़ैक्टर कम होने पर मोटर ज्यादा करेंट लेती हैं जिसके संतुलन के लिए अथवा पावर फ़ैक्टर सुधार के लिए कैपेसिटर का उपयोग आवश्यक हो जाता है । मोटर की क्षमतानुसार कैपेसिटर क्षमता की जानकारी की सारणी निम्नानुसार है -

मोटर के आरपीएम (रिवोल्यूशन प्रति मिनट) का सूत्र है : -

आरपीएम = 120 एफ/पी (जहां एफ फ्रीक्वेन्सी है और उसका मान है 50 हट्र्ज, पी का अर्थ है मोटर के पोलों की संख्या) ।

अत: 2 पोल मोटर के आरपीएम = 3000

4 पोल मोटर के आरपीएम = 1500

6 पोल मोटर के आरपीएम = 1000

इसलिए मोटर के आरपीएम के हिसाब से भी कैपेसिटर की क्षमता तय होती है : - जो निम्नांकित सारणी अनुसार है –

इंडकशन मोटर पर उचित क्षमता/रेटिंग के कैपेसिटर की तालिका : -

क्रमांक - - मोटर अश्व शक्ति/हॉर्स पावर (एच पी) - - केपेसिटर क्षमता (केवीएआर) 3000 आरपीएम मोटर - - केपेसिटर क्षमता (केवीएआर) 1500 आरपीएम मोटर - - केपेसिटर क्षमता (केवीएआर) 1000 आरपीएम मोटर

1. - - 2.5/3.0 एच पी , - - 1.0केवीएआर, - - 1.0 केवीएआर, - - 1.5 केवीएआर, .

2. - - 5.0 एच पी, - - 2.0 केवीएआर, - - 2.0 केवीएआर, - - 2.5 केवीएआर, .

3. - - 7.5 एच पी , - - 2.0 केवीएआर , - - 3.0 केवीएआर, - - 3.5 केवीएआर,..

4. - - 10.0 एच पी , - - 3.0 केवीएआर, - - 3.5 केवीएआर , - - 4.0 केवीएआर , .

5. - - 12.5 एच पी , - - 3.5 केवीएआर , - - 4.0 केवीएआर , - - 4.5 केवीएआर, .

6. - - 15.0 एच पी , - - 4.0 केवीएआर , - - 5.0 केवीएआर, - - 6.0 केवीएआर, .

7. - - 20.0 एच पी , - - 5.0 केवीएआर, - - 6.0 केवीएआर, - - 7.0 केवीएआर, .

8. - - 25.0 एच पी , - - 6.0 केवीएआर, - - 7.0 केवीएआर, - - 8.0 केवीएआर, .

9, - - 30.0 एच पी, - - 7.0 केवीएआर, - - 8.0 केवीएआर, - - 9.0 केवीएआर

10. - - 35.0 एच पी, - - 8.0 केवीएआर, - - 9.0 केवीएआर, - - 10.0 केवीएआर

11. - - 40.0 एच पी, - - 9.0 केवीएआर, - - 10.0 केवीएआर, - - 12.0 केवीएआर

12. - - 45.0 एच पी, - - 10.0 केवीएआर, - - 11.0 केवीएआर, - - 14.5 केवीएआर

13. - - 50.0 एच पी, - - 10.0 केवीएआर, - - 12.0 केवीएआर, - - 15.0 केवीएआर

14. - - 60.0 एच पी, - - 12.0 केवीएआर, - - 14.0 केवीएआर, - - 15.0 केवीएआर

15 . - - 75.0 एच पी, - - 15.0 केवीएआर, - - 16.0 केवीएआर, - - 20.0 केवीएआर

16. - - 100.0 एच पी. - - 20.0 केवीएआर, - - 22.0 केवीएआर, - - 25.0 केवीएआर

17. - - 125.0 एच पी, - - 25.0 केवीएआर, - - 26.0 केवीएआर, - - 30.0 केवीएआर

18. - - 150.0 एच पी, - - 30.0 केवीएआर, - - 32.0 केवीएआर, - - 35.0 केवीएआर

19. - - 200.0 एच पी, - - 40.0 केवीएआर, - - 45.0 केवीएआर, - - 54.0 केवीएआर

20. - - 250.0 एच पी, - - 45.0 केवीएआर, - - 50.0 केवीएआर, - - 55.0 केवीएआर

एलटी कैपेसिटर लगाने से बचत –

इस प्रकार एक 10 अश्व शक्ति की मोटर 15 – 16 एम्पीयर करंट लेती है तो केपेसिटर चालू रहने की स्थिति में करें 12 - 13 एम्पीयर होगा अर्थात 3 एम्पीयर करंट का बचत होगी जिसका सीधा प्रभाव/असर बिलिंग पर होगा । केपेसिटर चालू रखने की स्थिति में कम बिजली का बिल लगेगा/आयेगा । यदि 10 अश्व शक्ति की मोटर 15 – 16 एम्पीयर करंट ले रही है तो स्पष्ट है कि पावर फेक्टर कम या वोल्टेज कम की वजह से है, इसका निराकरण केपेसिटर लगाकर किया जा सकता है तब मोटर 12 या 13 एम्पीयर करंट लेगी ।

एलटी केपेसिटर -

- जब एक 10 अश्व शक्ति की मोटर केपेसटर के सहित चलती है तब वह मोटर लगभग 3 एम्पीयर करंट कम लेती है, उससे जब वह बिना केपेसटर के चलती है ।

- एलटी में 3 एम्पीयर करंट = वर्गमूल 3 गुणा करेंट गुणा वोल्टेज = केवीए =

- 1.732 x 3 x 0.4 =2.0784 केवीए, जिसे 2 केवीए मान लेते हैं । यदि पावर फेक्टर 0.8 हो तो 1.6 किलोवाट बनेगे ।

- यदि एक मोटर दिन में 6 घंटे चलती है तब 9.6 यूनिट बनेगे जिसे 10 यूनिट मान लेते है, तब 1 महीने में 300 यूनिट की बचत होगी
- रुपये 6 प्रति यूनिट टेरिफ़ रेट मान ले तब रुपये 1800 हुए जो बचेंगे
- जबकि 10 अश्व शक्ति की मोटर पर स्थापित क्षमता के केपेसिटर की कीमत इससे कम होगी ।
- कहने का आशय यह है कि केपेसिटर की कीमत 1 माह में ही वसूल हो गई ।

साधारण नियम – एलटी सिंगल फेज मोटर प्रति हॉर्स पावर 3.5 एम्पीयर करंट तथा थ्री फेज मोटर प्रति हॉर्स पावर 1.25 एम्पीयर करंट ले रही है तो स्थिति ठीक है अन्यथा अधिक करंट लेना यह प्रदर्शित करता है कि पावर फेक्टर कम या वोल्टेज कम है जिससे मोटर अधिक करंट ले रही है, ऐसी स्थिति में केपेसिटर लगाना अनिवार्य है ।

विद्युत व्यवस्था – 33/11 केवी उपकेंद्र पर केपेसिटर बैंक का संचालन -

33/11 केवी उप - केंद्र पर प्रायः 1500 केवीएआर और 1200 केवीएआर क्षमता के केपेसिटर लगे/स्थापित होते हैं, ये 11 केवी साइड में बस या 11 केवी फीडर विशेष पर लगे/ स्थापित होते है । 1500 केवीएआर क्षमता के केपेसिटर ओटोमेटिक होते हैं और फीडर लोड के अनुसार कार्य करते हैं । 1200 केवीएआर क्षमता के केपेसिटर लोड के अनुसार मेनुअल रूप से उपयोग में लाते हैं ।

केपेसिटर बंद करने के बाद कम से कम 10 मिनट तक चालू न करें, इसी प्रकार ट्रिपिंग आने पर भी 10 मिनट तक आइसोलेटर/एबी स्विच आपरेट न करें –

1200 केवीएआर के कैपेसिटर का आपरेशन -

क्रमांक - - विवरण, - - केपेसिटर क्षमता उपयोग

1. - - जब 11 केवी फीडर लोड 100 एम्पीयर से अधिक हो, - - 1200 केवीएआर केपेसिटर चालू रखें

2. - - जब 11 केवी फीडर लोड 75 से 100 एम्पीयर तक हो, - - 900 केवीएआर केपेसिटर चालू रखें

3. - - जब 11 केवी फीडर लोड 50 से 75 एम्पीयर तक हो, - - 600 केवीएआर केपेसिटर चालू रखें

4. - - जब 11 केवी फीडर लोड 50 एम्पीयर से कम हो, - - केपेसिटर बंद रखा जावे

नोट बचत का आंकलन - जब 11 केवी फीडर पर लोड 120 से 150 एम्पीयर बिना केपेसिटर के होता है तब केपेसिटर उपयोग करने पर लगभग 20 एम्पीयर करंट कम हो जाता है ।

- 11 केवी फीडर पर 1 एम्पीयर लोड/करंट का मान = (वर्गमूल 3) x (11केवी) x (1 एम्पीयर) = 19.052 केवीए जिसे 20 केवीए मानते हैं ।

- यदि पावर फेक्टर 0.8 मानते हैं तब लोड 16 किलोवाट होगा
- 16 किलोवाट लोड 1 घंटे लगातार उपयोग होने पर 16 किलोवाट आवर होते हैं जो 16 यूनिट बिजली की खपत को दर्शाते हैं ।
- सामान्यत: बिजली की दर रुपये 6 प्रति यूनिट के अनुसार रुपये 96 होंगे । यह राशि रुपये 100 के औसत में मान लेते हैं ।
- कहने/बताने का तात्पर्य यह है कि 11 केवी फीडर पर 1 एम्पीयर लोड 1 घंटा उपयोग करने पर 16 यूनिट और रुपये 100 की ऊर्जा की खपत होती है ।

20 एम्पीयर करेंट एक दिन में 10 घंटे उपयोग पर रुपये 20000 (बीस हजार) की बिजली बचाता है और 1 माह में रुपये 6 लाख की बचत करता है ।

जो कि कई कर्मचारियों के मासिक वेतन से अधिक है । यह बचत उप - केंद्र पर पदस्थ कर्मचारी/ऑपरेटर का योगदान है । इससे कैपेसिटर की उपयोगिता स्वत; सिद्ध होती है । उसी प्रकार उपभोक्ता द्वारा कैपेसिटर प्रयोग करने से आर्थिक लाभ के साथ वोल्टेज सुधार भी होता है ।

कैपेसिटर पर कार्य करने से पूर्व यह सुनिश्चित करले कि कैपेसिटर डिस्चार्ज अवश्य हो ।

उपकेंद्र/सब - स्टेशन – कैपेसिटर -

33/11 केवी उपकेंद्र पर प्राय: 1500 केवीएआर और 1200 केवीएआर क्षमता के कैपेसिटर लगे/स्थापित होते हैं, ये 11 केवी साइड में बस या 11 केवी फीडर विशेष पर लगे/स्थापित होते है । 1500 केवीएआर क्षमता के कैपेसिटर ओटोमेटिक होते हैं और फीडर लोड के अनुसार कार्य करते हैं । 1200 केवीएआर क्षमता के कैपेसिटर लोड के अनुसार मेनुअल रूप से उपयोग में लाते हैं, 100 एम्पीयर लोड से अधिक होने पर 1200 केवीएआर क्षमता का प्रयोग करते है । जब लोड 75 से 100 एम्पीयर हो तब प्रत्येक फेज की तीन - तीन यूनिट (900 केवीएआर क्षमता) चालू रखते हैं, और लोड जब 50 से 75 एम्पीयर हो तब प्रत्येक फेज की दो - दो यूनिट (600 केवीएआर क्षमता) चालू रखते हैं । जब लोड 50 एम्पीयर से कम हो तब कैपेसिटर बंद रखते है ।

नोट - प्राय: यह देखा गया है कि यदि केपेसिटर की एक यूनिट (100 केवीएआर क्षमता) किसी भी कारण से खराब/बंद हो गई है तब पूरा केपेसिटर बंद कर देते हैं और एक नई यूनिट की मांग कर/भेज देते है ।

परंतु समझदार कर्मचारी/ऑपरेटर उस केपेसिटर के दो अन्य फेज के एक - एक यूनिट के फ्यूज निकालकर उसे 900 केवीएआर क्षमता पर प्रयोग कर बिजली की बचत/पावर फेक्टर में सुधार कर लेगा और जब तक खराब यूनिट के बदले नई यूनिट आ जाएगी तब उसे बदलकर 1200 केवीएआर क्षमता पर प्रयोग कर लेगा । इसी प्रकार किसी दूसरे अन्य उपकेंद्र पर भी 1200 केवीएआर क्षमता के कैपेसिटर की एक यूनिट (100 केवीएआर) खराब होने

पर उसे दो और यूनिट दूसरे एक - एक फेज की बंद करके चलाने के बजाय, आपसी चर्चा, सामंजस्य से पहले वाले उपकेंद्र से एक केपेसिटर (100 केवीएआर) का मांगकर/लाकर अपना उपकेंद्र 1200 केवीएआर पर एक खराब यूनिट को बदल कर चला सकता है । तात्पर्य यह है कि दो उपकेन्द्रों पर एक - एक यूनिट केपेसिटर (100 केवीएआर) की खराब होने पर केपेसिटर बंद रखना उचित नहीं है, उचित है एक उपकेंद्र के केपेसिटर को 900 केवीएआर क्षमता पर तथा दूसरे उपकेंद्र के केपेसिटर को 1200 केवीएआर क्षमता पर चलाना उचित एवं लाभप्रद है । यदि तीसरे उपकेन्द्र पर एक यूनिट खराब होने पर, वह भी पहले उपकेन्द्र पर शेष बची एक यूनिट को मंगाकर/लाकर अपना कैपेसिटर बैंक भी 1200 केवीएआर क्षमता पर चला लेगा ।

निष्कर्ष – आपसी सामंजस्य - उपरोक्त से यह निष्कर्ष निकला की यदि 3 उपकेन्द्रों पर एक – एक यूनिट कैपेसिटर (100 केवीएआर) खराब होने पर भी 2 उपकेन्द्र के कैपेसिटर 1200 केवीएआर और 1 उपकेन्द्र का कैपेसिटर 900 केवीएआर क्षमता पर चलेगा जबकि तीनों उपकेन्द्रों के कैपेसिटर बंद रखने के बजाय या तीनों उपकेन्द्रों के कैपेसिटर 900 केवीएआर क्षमता के उपयोग करने से । केवल आपसी तालमेल और आपसी चर्चा व सामंजस्य की आवश्यकता है ।

पावर कैपेसिटर – लाभ/फायदा -

कैपेसिटर उप केन्द्रों और वितरण ट्रांसफार्मरों तथा उपभोक्ता परिसर में मीटर के बाद इंडक्सन मोटर पर लगाए जाते हैं । इनका मुख्य कार्य पावर फेक्टर में सुधार करना होता, यद्यपि पावर फेक्टर सुधार के साथ - साथ वोल्टेज सुधार भी होता है, बिजली की खपत कम होती है जिससे बिजली बिल भी कम होता है और एक समान लोड के लिए बिना कैपेसिटर व कैपेसिटर सहित, करंट कैपेसिटर सहित स्थित में कम होगा और केपेसिटर रहित स्थिति में करंट ज्यादा होगा । एक 11 केवी फीडर पर लोड 120 एम्पीयर है बिना केपेसिटर के तो केपेसिटर चालू रखने की स्थित में वह 100 एम्पीयर होगा अर्थात 20 एम्पीयर करंट की बचत होगी ।

एचटी कैपेसिटर उपयोग से बचत का आंकलन और आपरेटर कर्मचारी योगदान – जब एक फीडर पर कैपेसिटर चालू रहता है तब लगभग 20 एम्पीयर की बचत होती है, जब फीडर का लोड बिना कैपेसिटर के 120 - 150 एम्पीयर रहता है । यह फीडर 11 केवी लाइन होती है । पहले हम गणना कर चुके हैं कि 11 केवी फीडर का एक एम्पीयर करंट 20 केवीए के लगभग होता है और पावर फेक्टर 0.8 मान लें तब किलोवाट (20) (0.8) केवीए कोस फ़ाई = 16 किलोवाट लोड इस लोड को एक घंटे प्रयोग करते हैं तब यूनिट = 16 किलोवाट आवर = 16 यूनिट हुई और उसकी कीमत रुपये 6 प्रति यूनिट से रुपये 96 हुए जिसे रुपये 100 मान लेते हैं । कहने का आशय यह है कि एक एम्पीयर लोड एक घंटे में 16 किलोवाट लोड कम करता है और रुपए 100 की बचत करता है । फीडर पर 20 एम्पीयर बचत के समय एक घंटे में 320 किलोवाट लोड कम और रुपये 2000 की बचत करेगा । यदि यही लोड

10 घंटे चला तो बचत रुपये 20,000 (बीस हजार) प्रतिदिन होगी और एक माह की बचत (20,000)(30)=600,000 (छ: लाख) रुपये की होगी । जो कि कई कर्मचारियों के मासिक वेतन से अधिक है । यह बचत उपकेंद्र पर पदस्थ कर्मचारी/ऑपरेटर का योगदान है । इससे केपेसिटर की उपयोगिता स्वत; सिद्ध होती है । उसी प्रकार उपभोक्ता द्वारा केपेसिटर प्रयोग करने से आर्थिक लाभ के साथ वोल्टेज सुधार भी होता है ।

कैपेसिटर पर कार्य करने से पूर्व यह सुनिश्चित करले कि कैपेसिटर डिस्चार्ज अवश्य हो ।

कम पावर फेक्टर से नुकसान

- समान लोड के लिए ज्यादा करेंट लेता है । अत: मोटा/बड़ा कंडक्टर की जरूरत होगी । कीमत बढ़ेगी ।
- हानि (लॉस) – करेंट के वर्ग के अनुपात में होने से ज्यादा हानियाँ ।
- वोल्टेज ड्रॉप – कम वोल्टेज
- वोल्टेज रेगुलेशन में गिरावट
- पावर फेक्टर सुधार से - -
- कम करेंट, पतला कंडक्टर
- हानि (लॉस) – करेंट कम होने से हानियाँ कम होंगी
- वोल्टेज ड्रॉप में सुधार
- वोल्टेज रेगुलेशन में सुधार

कम पावर फेक्टर से नुकसान -

क्रमांक, - विवरण, - पावर फेक्टर 1, - पावर फ़ैक्टर 0.9, - पावर फेक्टर 0.8, - पावर फेक्टर 0.7, - पावर फेक्टर 0.6 , - - पावर फेक्टर 0.5

1. - - 100 किलोवाट मोटर, - - 100 केवीए, - - 111 केवीए, - - 125 केवीए, - - 143 केवीए, - - 167 केवीए, - -200 केवीए

2. - - एलटी करेंट एम्पीयर, - - 133 एम्पीयर, - - 148 एम्पीयर, - -166 एम्पीयर, - - 190 एम्पीयर, - - 222 एम्पीयर, - - 266 एम्पीयर

उपरोक्त तालिका से स्पष्ट है कि समान किलोवाट (हॉर्स पावर) मोटर जैसे-जैसे पावर फेक्टर कम होता है केवीए कैपेसिटी बढ़ जाती है और उसके अनुरूप मोटर करेंट बढ़ता जाता है जिससे बिल अधिक बनता हैं ।

विद्युत व्यवस्था -11 केवी फीडर 1 एम्पीयर का मान केवीए में -

- 33/11 केवी विद्युत उपकेंद्र (सब स्टेशन) पर विद्युत आपूर्ति का वितरण 11 केवी फीडरों द्वारा होता है ।

- 11 केवी फीडर पर 1 एम्पीयर लोड/करेंट का मान = (वर्गमूल 3) x (11केवी) x (1 एम्पीयर) = 19.052 केवीए जिसे 20 केवीए मानते हैं । इससे ही फ्यूज रेटिंग निकालते हैं ।
- यह लोड 33 केवी साइड पर 1/3 एम्पीयर तथा एलटी साइड पर 25 गुना होगा ।
- यदि पावर फेक्टर 0.746 मानते हैं तब केवीए = अश्व शक्ति (हार्स पावर) होगा ।
- यदि पावर फेक्टर 0.8 मानते हैं तब 20 केवीए लोड 16 किलोवाट होगा
- 16 किलोवाट लोड 1 घंटे लगातार उपयोग होने पर 16 किलोवाट आवर होते हैं जो 16 यूनिट बिजली की खपत को दर्शाते हैं ।
- सामान्यत : बिजली की दर रुपये 6 प्रति यूनिट के अनुसार रुपये 96 होंगे । यह राशि रुपये 100 के औसत में मान लेते हैं ।
- कहने/बताने का तात्पर्य यह है कि 11 केवी फीडर पर 1 एम्पीयर लोड 1 घंटा उपयोग करने पर 16 यूनिट और रुपये 100 की ऊर्जा की खपत होती है ।

अनाधिकृत रूप से फीडर पर दी गई बिजली का मूल्यांकन उपरोक्तानुसार होता है ।

पावर कैपेसिटर यूनिट

5

पावर कैपेसिटर बैंक

पावर कैपेसिटर बैंक

33/11 केवी उपकेन्द्र में 11 केवी साइड में कैपेसिटर बैंक स्थापित किया जाता है ।

लोड मैनेजमेंट सिस्टम (एलएमएस) एक आटोमैटिक कैपेसिटर पैनल होता है ।

एलएमएस के मुख्य घटक : -

मेन वीसीबी, आइसोलेटर, तीन सीटी करंट नापने के लिए, कैपेसिटर बैंक, कैपेसिटर स्विचिंग के थिरिस्टर, हर बैंक के लिए एक एमसीबी, कम्प्यूटिंग यूनिट और एलईडी डिस्प्ले और मोनिटरिंग टर्मिनल बोर्ड आदि ।

कंप्यूटिंग यूनिट के कार्य –

1 – लोड साइड पर रिएक्टिव पावर की निरन्तर माप ।

2 – थिरिस्टर द्वारा जरूरी कैपेसिटर बैंक की स्विचिंग

3 – एल एम एस द्वारा सप्लाई किए गए कुल केवीएआर को दर्ज करना

4 – सिंगनल भेज कर एलईडी और मानिटर को सक्रिय बनाना ।

बचाव कार्य –

1. वोल्टेज ज्यादा होने पर कैपेसिटर बैंक को स्विच ऑफ कर देना ।
2. एक निश्चित वोल्टेज से नीचे जाने पर कैपेसिटर बैंक को स्विच ऑफ कर देना ।
3. अगर सिंगनल मिले और कैपेसिटर बैंक स्विच ऑफ न हो, तो एमसीबी को ट्रिप कर देना ।

एलईडी और मानिटर टर्मिनल -

एलएमएस स्टेटस नीचे दिये गये एलईडी डिस्प्ले लैम्प द्वारा नीचे दी गई है ।

1. पावर ऑन
2. कैपेसिटर बैंक ऑन – एक हर बैंक के लिए एक,

3. ट्रिप इंडीकेटर – एक हर बैंक के लिए एक,
4. एचवी कंडीशन
5. एलवी कंडीशन

मानीटर टर्मिनल - इसके अलावा एक मानिटर टर्मिनल भी लगाया जाता है । इस टर्मिनल से प्रिन्टर के जरिये निम्नलिखित सूचना मिलती हैं : -

1. एलएमएस पर क्रम संख्या
2. सूचना प्राप्त होने की तारीख
3. लोड करेंट, वोल्टेज और पावर फ़ैक्टर के रिकार्ड
4. अगर बैंक ऑन है तो ट्रान्सफार्मरकरेंट और पावर फ़ैक्टर (सुधारा हुआ – कंप्यूटर यूनिट से)
5. कैपेसिटर में कुल करेंट
6. कैपेसिटर ऑफ होने की हालत में वोल्टेज
7. हर बैंक की कैपेसिटेन्स
8. कैपेसिटी केवीएआरएच सप्लाइड

पैनल बोर्ड बटन - पैनल बोर्ड पर एक बटन लगाया जाता है । प्रिन्टर कनेक्ट करने के बाद जब भी इस बटन को दबाया जाता है, सारी सूचना प्रिन्टर पर आ जाती है और प्रिन्टर निकाल लिया जाता है । रियल टाइम स्टेटस उपलब्ध हो जाती है । जो भी कैपेसिटी रिएक्टिव पावर सप्लाई की जाती है वह पावर सप्लाइड का टोटल होती है ।

एलएमएस का इरेक्शन और कमीशनिंग–

1. - इरेक्शन और इस्तेमाल – यह काम मौके पर काम कर रहे कर्मचारियों द्वारा किया जाता है ।
2. - उत्थापन के समय बरती जाने वाली चौकसी
3. – इरेक्शन का करेक्ट फेज सीक्वेंस
4. – लोड साइड पर सीटी को जोड़ना
5. – सीटी का पोलेरिटी और सही कनेक्शन
6. एलएमएस का प्रयोग - एलएमएस के इरेक्शन और कमीशनिंग के बाद कैपेसिटर बैंकों का स्विचिंग ऑन और स्विचिंग ऑफ अपने आप होने लगता है ।

11 केवी फीडर कैपेसिटर – कैपेसिटर प्राय: उन फीडरों पर लगाते हैं जिन पर लोड अधिक और फीडर लम्बाई अधिक होती है, सामान्यत: जिन फीडरों पर 1200 केवीए (1200 अश्व शक्ति या 60 एम्पीयर) या इससे अधिक लोड रहता है । इनकी क्षमता 1200 केवीएआर

या 1500 केवीएआर होती है । ये सभी एक कैपेसिटर सेल 100 केवीएआर क्षमता के होते हैं । अर्थात 1200 केवीएआर में 12 कैपेसिटर सेल (प्रत्येक फेज पर 4 कैपेसिटर सेल) और 1500 केवीएआर में 15 कैपेसिटर सेल (प्रत्येक फेज पर 5 कैपेसिटर सेल) स्थापित होते हैं । 1200 केवीएआर के मैन्युअल तथा 1500 केवीएआर के आटोमैटिक कार्य करते हैं । फीडर पर लोड के अनुसार आटोमैटिक उपकरण स्विच ऑन कर दिया जाता है । जब फीडर पर रिएक्टिव पावर लोड ज्यादा होता है तो कैपेसिटर बैंक इसे न्यूट्रलाइज कर देता है । जिससे फीडर पर लोड करंट घट जाने में मदद मिलती है । इसके कारण पारेषण लाइन पर होने वाली क्षति और वोल्टेज में सुधार आता है ।

कैपेसिटर बैंक के मुख्य अवयव होते हैं –

कैपेसिटर स्विच/ब्रेकर, कैपेसिटर सेल/यूनिट, संचालन/नियंत्रण बॉक्स, वोल्टेज ट्रान्सफार्मर आदि ।

कैपेसिटर स्विच/ब्रेकर – इसके दो भाग होते हैं, 1- गैस फिल्ड स्वीचिंग पार्ट और 2 – आपरेटिव मैकेनिज़्म पार्ट ।

गैस फिल्ड यूनिट में एसएफ - 6 गैस बाधक माध्यम (इन्सुलेटिड मीडियम) के रूप में काम करती है और इन्सुलेशन के रूप में भी काम करती है । इसके संचालन तन्त्र में क्वाइलें लगी होती हैं जो बंद करने और खोलने के काम करती है । इसके अलावा कन्ट्रोल सर्किट मैकेनिकल इंडिकेटर, आक्सीलरी स्वीचेज़ और मैन्यूअल आपरेटिंग हैंडिल इत्यादि पुर्जे भी लगे होते हैं । रक्षा और बचाव के लिए विस्फोट हो जाने पर प्रेशर से राहत देने वाले उपकरण भी लगाए जाते हैं । इसमें अर्थ टर्मिनल भी जोड़ा जाता है और उस पर निशान बना दिये जाते हैं ।

स्विच के साथ 7 मीटर लम्बा 2.5 स्क्वायर एमएम वाला 6 कोर केबिल और 2.5 स्क्वायर एमएम वाला 2 कोर केबिल भी जोड़ा जाता है । 6 कोर केबिलों पर ए, बी, सी, डी, ई, एफ " अक्षर लिखे हुए फेरुल बीयरिंग भी लगे होते हैं । और 2 कोर केबिल लगाए जाते हैं जिन पर " जी, एच " लिखा जाता है । दोनों केबिलों को इस स्कीम के संचालन/कन्ट्रोल बॉक्स से जोड़ दिया जाता हैं । इन्हीं के जरिये स्विच के इलेक्ट्रिकल आपरेशन्स किए जाते हैं ।

संचालन/नियंत्रण (आपरेशन/कन्ट्रोल) बॉक्स– इस कन्ट्रोल बॉक्स के सहायता से कैपेसिटर स्विच के इलेक्ट्रिकल आपरेशन से सम्बन्धित कार्य (मैन्यूअल/आटोमैटिक) किए जाते हैं ।

वोल्टेज ट्रान्सफार्मर– यह इस स्कीम का महत्वपूर्ण भाग होता है । इस वोल्टेज ट्रान्सफार्मर का प्राइमरी 11 केवी लाइन फेज टू फेज से जोड़ दिया जाता है । और सेकेन्डरी वाईंडिंग आपरेटिंग बॉक्स के पी – 1 , और पी – 2 टर्मिनलों से जोड़े जाते हैं । इस ट्रान्सफार्मर का वोल्टेज रेशियो 11 केवी / 220 वॉल्ट होता है ।

उपकरणों को उपयोग में लाने से पहले निम्नलिखित चेक कर लेने चाहिए –

क – मेगर की सहायता से कैपेसिटर सेल को टेस्ट करें और देखे कि इन्सुलेशन रजिसटेन्स ठीक ठाक है ।

ख – 230 वोल्ट की सप्लाई को कैपेसिटर सेल की दो बुशिंग से कनेक्ट करें और करेंट की माप लें । यह उतनी ही होनी चाहिए जितनी नेम प्लेट पर लिखी हुई है ।

ग – यह सुनिश्चित करें कि सेल के बुशिंग ठीक - ठाक हालत में हैं

वोल्टेज ट्रान्सफार्मर –

क – वोल्टेज ट्रान्सफार्मर की इन्सुलेशन रजिसटेन्स मापें ।

ख – एसी सप्लाई के 230 वोल्ट को प्राइमरी वाईंडिंग से जोड़ें और देखें कि सेकेन्डरी वाईंडिंग वोल्टेज के अनुपात के अनुसार है ।

कैपेसिटर स्विच/ब्रेकर –

क – हाथ से काम करने वाले दोनों हैंडलों की सहायता से कैपेसिटर स्विच को कई बार खोल और बन्द (ऑन/ऑफ) करके यह देखें कि उनकी स्थिति अच्छी है । इसके अलावा यह भी देख लें कि खोलने और बन्द करने के संचालन मैकेनिकल इंडिकेटर द्वारा सही सही दिखाये जाते हैं ।

ख – मेगर की सहायता से खोलने और बन्द करने की निरन्तरता (कंटिन्युटी) सुनिश्चित कर लें ।

ग - यह भी अच्छी तरह देख लें कि स्विच इंसुलेटर साफ सुथरे हैं ।

पुश बटन इलेक्ट्रिकल आपरेशन –

कैपेसिटर स्विच के कनेक्शन जोड़ने के बाद और बॉक्स को 6 कोर और 2 कोर केबिल से संचालित करने के पश्चात निम्नलिखित करें –

220 वोल्ट के सप्लाई को पी -1 और पी – 2 टर्मिनलों से जोड़ दें उससे पहले यह देख लें कि स्विच ऑफ पोजीशन है अगर न हो, तो हरे रंग के हैंडल को नीचे करके उसे ऑफ कर दें ।

आटो/मैन्यूअल स्विच के आपरेटिंग बॉक्स को मेन्यूअल पोजीशन में लाकर सेट करें और बन्द करने के लिए ऑन पुश बटन को ऑन करें । लगभग 5 मिनट बाद स्विच ऑन हो जायेगा । इसके बाद मैकेनिकल इंडिकेटर ककई सहायता से इसे सत्यापित करें । इसके बाद ऑफ बटन से स्विच ऑफ करें और सत्यापित करें । मैकेनिकल इंडिकेटर की सहायता से इसे चेक करे और सुनिश्चित करें कि स्विच ऑफ है ।

ऑफ करने के करीब 5 मिनट बाद बन्द करने का संचालन करें । इस तरह से बन्द करने और खोलने दोनों को प्रमाणित कर लेना चाहिए ।

इलेक्ट्रिकल आटोमैटिक आपरेशन –

1. – मैकेनिकल इंडिकेटर सत्यापित करके सुनिश्चित करें कि स्विच ऑफ है ।
2. – अगर न हो, तो हरे रंग के हैंडल को धीरे से नीचे कर दें ।
3. - एसी सप्लाई को सीटी बुशिंग और लाइन साइड बिशिंग से जोड़ें ।

4.   - सलेक्टर स्विच को आटो पोजीशन में लाएँ ।

5.   - लाल बटन की मदद से मीटर रिले सेटिंग को जरूरत के अनुसार ठीक कर लें । मीटर रिले की लाल सुई हाई करेंट सेटिंग (ऑन) दिखाएगी ।

6.   - हरे बटन की मदद से मीटर रिले की लो करेंट सेटिंग एडजस्त कर लें । मीटर रिले की हरी सुई लो करेंट सेटिंग दिखाएगी ।

7.   - 220 वोल्ट एसी सप्लाई को आपरेटिंग बॉक्स के पी -1 और पी – 2 के टर्मिनलों से जोड़ दें । इसके बाद कम से कम 5 मिनट इन्तजार करें ।

8.   - अगर लाइन करेंट हाई करेंट सेटिंग्स से ऊंचा जाए तो कैपेसिटर बन्द हो जायेगा । इसको मैकेनिकल इंडिकेटर से सत्यापित कर लें ।

9.   - जब लाइन करेंट लो करेंट सेटिंग से कम हो जायेगा तो कैपेसिटर स्विच खुल जायेगा । इसे मैकेनिकल इंडिकेटर से सत्यापित करें ।

कैपेसिटर स्विच का उत्थापन (इरेक्शन) –

परिवहन के लिए ले जाते हुए कैपेसिटर स्विच को उठाये तो उसे क्लोज पोजीशन में होना चाहिए । उठाने और लाने, ले जाने के लिए केरीयिंग हेंडिल का इस्तेयमाल करें । कैपेसिटर स्विच/ब्रेकर को उठाने के लिए रस्सी का इस्तेमाल करना खराब बात है । हाथ से चलाने वाले आपरेशन स्विच को पोल के पास रखे ताकि ग्राउंड लेवल से इस कम में एक हुक की मदद से संचालित किया जाय ।

कनेक्शन –

मेन सर्किट एल्यूमिनियम पीजी क्लैम्प की सहायता से कैपेसिटर के साथ एचवी टर्मिनलों को लाइन से कनेक्ट कर दें । कैपेसिटर साइड लीड का तार और सीटी मेन लीड वायर मजबूती से बंधे होने चाहिए ।

कन्ट्रोल सर्किट : -

कैपेसिटर स्विच और आपरेटिंग बॉक्स को 6 कोर कन्ट्रोल केबिल से जोड़ते समय यह सुनिश्चित कर लें कि स्विच में पानी तो नहीं गया है । कन्ट्रोल सर्किट को हाई वोल्टेज सर्किट से दूर रखें । 230 वोल्ट एसी सप्लाई निकतम वितरण ट्रान्सफार्मर बुशिंग (एलटी) के पास मेन से प्राप्त करनी चाहिए ।

ग्राउंडिंग कनेक्शन–

आपरेटिंग मैकेनिज़म बॉक्स (लाइन और कैपेसिटर साइड) के दोनों तरफ ग्राउंड टर्मिनल लगे होते हैं । 8 एसडब्ल्यूजी जीआई वायर का इस्तेमाल ग्राउंडिंग के लिए प्रयोग करें और अर्थिंग के लिए दो अलग – अलग पिट (गड्डे) होने चाहिए । एलए (लाइटिनिंग अरेस्टर) के लिए ग्राउंडिंग वायर को अर्थिंग पिट से कनेक्ट नहीं करना चाहिए, इसके लिए अलग से अर्थ पिट बनाया जाए और डबल अर्थिंग करें ।

रखरखाव –

स्थानीय स्थितियों के अनुसार रखरखाव करना चाहिए । फिर भी एक साल में अवश्य कर लेना चाहिए । रखरखाव के बाद मैकेनिजमका ट्रायल जरूरी है । खासतौर से तूफान आने अथवा आसमानी बिजली गिरने के बाद रखरखाव जरूरी है । निरीक्षण और कैपेसिटर स्विच का संधारण (मेंटीनेंस) सप्लाई ऑफ करके किया जाना चाहिए ।

मीटर रिले सेटिंग एडजस्टमेंट–

मीटर रिले सेटिंग पूरी तरह से सिस्टम की कंडीशन और उपभोकताओं के लोड पर निर्भर करता हैं इसलिए हर जगह यह एक जैसी नहीं होगी ।

उदाहरण – किसी सिस्टम फीडर पर सबेरे 6 बजे से शाम 6 बजे तक 100 एम्पीयर का औसत पीक लोड होता है और ऑफ पीक आवर्स में यह लोड घट कर 40 एम्पीयर हो जाता है । पीक लोड आवर्स के दौरान पावर फ़ैक्टर (0.7) लेगिंग हो जाता है । इस पावर फ़ैक्टर को सुधारने की जरूरत है । जबकि इस फीडर पर ऑफ पीक आवर्स के दौरान लोड 40 एम्पीयर से कम हो जाता है, तो पावर फ़ैक्टर्स अगर कैपेसिटर जुड़े रहते हैं तो लीडिंग हो सकता है ।

वीएनआरए – को मीटर रिले सेटिंग पैनल पर जरूरत के मुताबिक एडजस्टकर लेना चाहिए । लाल सुई (हाई) को 90 एम्पीयर पर और हरी सुई (लो) को 40 एम्पीयर पर सेट कर दें । ऐसा करने से जैसे ही लोड 90 एम्पीयर हो जायेगा, कैपेसिटर ऑन हो जायेगा । और जब लोड 40 एम्पीयर से नीचे जायेगा, तो कैपेसिटर का स्विच ऑफ हो जाएगा । इस तरह से पीक आवर्स के दौरान पावर फ़ैक्टर में सुधार आयेगा और लो लोड के कारण पावर फ़ैक्टर लीडिंग नहीं होगा ।

33/11 केवी उपकेन्द्र में 11 केवी साइड में कैपेसिटर बैंक स्थापित किया जाता है ।

- कंप्यूटिंग यूनिट के कार्य –
- 1 – लोड साइड पर रिएक्टिव पावर की निरन्तर माप ।
- 2 – थिरिस्टर द्वारा जरूरी कैपेसिटर बैंक की स्विचिंग
- 3 – एल एम एस द्वारा सप्लाई किए गए कुल केवीएआर को दर्ज करना
- 4 – सिंगनल भेज कर एल ई डी और मानिटर को सक्रिय बनाना ।
- बचाव कार्य –
- वोल्टेज ज्यादा होने पर कैपेसिटर बैंक को स्विच ऑफ कर देना ।
- एक निश्चित वोल्टेज से नीचे जाने पर कैपेसिटर बैंक को स्विच ऑफ कर देना ।
- अगर सिंगनल मिले और कैपेसिटर बैंक स्विच ऑफ न हो, तो एमसीबी को ट्रिप कर देना ।

एलईडी और मानिटर टर्मिनल

- एलएमएस स्टेटस नीचे दिये गये एलईडी डिस्प्ले लैम्प द्वारा नीचे दी गई है ।
- पावर ऑन

- कैपेसिटर बैंक ऑन – एक हर बैंक के लिए एक,
- ट्रिप इंडीकेटर – एक हर बैंक के लिए एक,
- एचवी कंडीशन
- एलवी कंडीशन

मानीटर टर्मिनल

- इसके अलावा एक मानिटर टर्मिनल भी लगाया जाता है । इस टर्मिनल से

प्रिन्टर के जरिये निम्नलिखित सूचना मिलती हैं : -

- एलएमएस पर क्रम संख्या
- सूचना प्राप्त होने की तारीख
- लोड करेंट, वोल्टेज और पावर फ़ैक्टर के रिकार्ड
- अगर बैंक ऑन है तो ट्रान्सफार्मरकरेंट और पावर फ़ैक्टर (सुधारा हुआ – कंप्यूटर यूनिट से)
- कैपेसिटर में कुल करेंट
- कैपेसिटर ऑफ होने की हालत में वोल्टेज
- हर बैंक की कैपेसिटेन्स
- कैपेसिटी केवीएआरएच सप्लाइड

पैनल बोर्ड बटन –
एलएमएस का इरेक्शन और कमीशनिंग –

- **पैनल बोर्ड बटन** - पैनल बोर्ड पर एक बटन लगाया जाता है । प्रिन्टर कनेक्ट करने के

बाद जब भी इस बटन को दबाया जाता है , सारी सूचना प्रिन्टर पर आ जाती है और प्रिन्टर निकाल लिया जाता है । रियल टाइम स्टेटस उपलब्ध हो जाती है । जो भी कैपेसिटी रिएक्टिव पावर सप्लाई की जाती है वह पावर सप्लाइड का टोटल होती है । **एलएमएस का इरेक्शन और कमीशनिंग –**

- - इरेक्शन और इस्तेमाल – यह काम मौके पर काम कर रहे कर्मचारियों द्वारा किया जाता है ।
- - उत्थापन के समय बरती जाने वाली चौकसी
- 1 – इरेक्शन का करेक्ट फेज सीक्वेंस

- 2 – लोड साइड पर सीटी को जोड़ना
- 3 – सीटी का पोलेरिटी और सही कनेक्शन
- एल एम एस का प्रयोग - एल एम एस के इरेक्शन और कमीशनिग के बाद कैपेसिटर बैंकों का

स्विचिंग ऑन और स्विचिंग ऑफ अपने आप होने लगता है ।

- कैपेसिटर बैंक के मुख्य अवयव होते हैं –
- कैपेसिटर स्विच/ब्रेकर,
- कैपेसिटर सेल/यूनिट,
- संचालन/नियंत्रण बॉक्स,

वोल्टेज ट्रान्सफार्मर आदि ।
उपकरणों को उपयोग में लाने से पहले निम्नलिखित चेक कर लेने चाहिए –

- क – मेगर की सहायता से कैपेसिटर सेल को टेस्ट करें और देखे कि इन्सुलेशन रजिसटेन्स ठीक ठाक है ।
- ख – 230 वोल्टकी सप्लाई को कैपेसिटर सेल की दो बुशिंग से कनेक्ट करें और करंट की माप लें । यह उतनी ही होनी चाहिए , जितनी नेम प्लेट पर लिखी हुई है ।
- ग – यह सुनिश्चित करें कि सेल के बुशिंग ठीक - ठाक हालत में हैं
- वोल्टेज ट्रान्सफार्मर –
- क – वोल्टेज ट्रान्सफार्मर की इन्सुलेशन रजिसटेन्स मापें ।
- ख – एसी सप्लाई के 230 वोल्ट को प्राइमरी वाईंडिंग से जोड़ें और देखें कि सेकेन्डरी वाईंडिंग वोल्टेज के अनुपात के अनुसार है ।
- कैपेसिटर स्विच/ब्रेकर –
- क – हाथ से काम करने वाले दोनों हैंडलों की सहायता से कैपेसिटर स्विच को कई बार खोल और बन्द (ऑन / ऑफ) करके यह

देखें कि उनकी स्थिति अच्छी है । इसके अलावा यह भी देख लें कि खोलने और बन्द करने के संचालन मैकेनिकल इंडिकेटर
द्वारा सही सही दिखाये जाते हैं ।

- ख – मेगर की सहायता से खोलने और बन्द करने की निरन्तरता (कंटिन्युटी) सुनिश्चित कर लें ।
- ग - यह भी अच्छी तरह देख लें कि स्विच इंसुलेटर साफ सुथरे हैं ।

पुश बटन इलेक्ट्रिकल आपरेशन –

- पुश बटन इलेक्ट्रिकल आपरेशन –
- कैपेसिटर स्विच के कनेक्शन जोड़ने के बाद और बॉक्स को 6 कोर और 2 कोर

  केबिल से संचालित करने के पश्चात निम्नलिखित करें –

- 220 वोल्ट के सप्लाई को पी -1 और पी – 2 टर्मिनलों से जोड़ दें उससे पहले यह

  देख लें कि स्विच ऑफ पोजीशन है अगर न हो , तो हरे रंग के हैंडल को नीचे करके उसे ऑफ कर दें ।

- आटो/मैन्यूअल स्विच के आपरेटिंग बॉक्स को मेन्यूअल पोजीशन में लाकर सेट करें

  और बन्द करने के लिए ऑन पुश बटन को ऑन करें । लगभग 5 मिनट बाद स्विच ऑन हो जायेगा । इसके बाद मैकेनिकल इंडिकेटर ककई सहायता से इसे सत्यापित करें ।
  इसके बाद ऑफ बटन से स्विच ऑफ करें और सत्यापित करें । मैकेनिकल इंडिकेटर की सहायता
  से इसे चेक करे और सुनिश्चित करें कि स्विच ऑफ है ।

- ऑफ करने के करीब 5 मिनट बाद बन्द करने का संचालन करें । इस तरह से बन्द करने और

  खोलने दोनों को प्रमाणित कर लेना चाहिए ।

- इलेक्ट्रिकल आटोमैटिक आपरेशन –
- – मैकेनिकल इंडिकेटर सत्यापित करके सुनिश्चित करें कि स्विच ऑफ है ।
- – अगर न हो , तो हरे रंग के हैंडल को धीरे से नीचे कर दें ।
- - एसी सप्लाई को सीटी बुशिंग और लाइन साइड बिशिंग से जोड़ें ।
- - सलेक्टर स्विच को आटो पोजीशन में लाएँ ।
- - लाल बटन की मदद से मीटर रिले सेटिंग को जरूरत के अनुसार ठीक कर लें । मीटर रिले की लाल सुई

  हाई करेंट सेटिंग (ऑन) दिखाएगी ।

- • - हरे बटन की मदद से मीटर रिले की लो करेंट सेटिंग एडजस्त कर लें । मीटर रिले की हरी सुई लो करेंट

  सेटिंग दिखाएगी ।

- • - 220 वोल्ट एसी सप्लाई को आपरेटिंग बॉक्स के पी -1 और पी – 2 के टर्मिनलों से जोड़ दें । इसके बाद कम से कम 5 मिनट इन्तजार करें ।

- • - अगर लाइन करेंट हाई करेंट सेटिंग्स से ऊंचा जाए तो कैपेसिटर बन्द हो जायेगा । इसको मैकेनिकल इंडिकेटर से सत्यापित कर लें ।

- • - जब लाइन करेंट लो करेंट सेटिंग से कम हो जायेगा तो कैपेसिटर स्विच खुल जायेगा । इसे मैकेनिकल इंडिकेटर से सत्यापित करें ।

- • पुश बटन इलेक्ट्रिकल आपरेशन –

- • कैपेसिटर स्विच के कनेक्शन जोड़ने के बाद और बॉक्स को 6 कोर और 2 कोर

  केबिल से संचालित करने के पश्चात निम्नलिखित करें –

- • 220 वोल्ट के सप्लाई को पी -1 और पी – 2 टर्मिनलों से जोड़ दें उससे पहले यह

  देख लें कि स्विच ऑफ पोजीशन है अगर न हो , तो हरे रंग के हैंडल को नीचे करके उसे ऑफ कर दें ।

- • आटो/मैन्यूअल स्विच के आपरेटिंग बॉक्स को मेन्यूअल पोजीशन में लाकर सेट करें

  और बन्द करने के लिए ऑन पुश बटन को ऑन करें । लगभग 5 मिनट बाद स्विच ऑन हो जायेगा । इसके बाद मैकेनिकल इंडिकेटर ककई सहायता से इसे सत्यापित करें ।

  इसके बाद ऑफ बटन से स्विच ऑफ करें और सत्यापित करें । मैकेनिकल इंडिकेटर की सहायता
  से इसे चेक करे और सुनिश्चित करें कि स्विच ऑफ है ।

- • ऑफ करने के करीब 5 मिनट बाद बन्द करने का संचालन करें । इस तरह से बन्द करने और

  खोलने दोनों को प्रमाणित कर लेना चाहिए ।

- इलेक्ट्रिकल आटोमैटिक आपरेशन –
- – मैकेनिकल इंडिकेटर सत्यापित करके सुनिश्चित करें कि स्विच ऑफ है ।
- – अगर न हो , तो हरे रंग के हेंडल को धीरे से नीचे कर दें ।
- - एसी सप्लाई को सीटी बुशिंग और लाइन साइड बिशिंग से जोड़ें ।
- - सलेक्टर स्विच को आटो पोजीशन में लाएँ ।
- - लाल बटन की मदद से मीटर रिले सेटिंग को जरूरत के अनुसार ठीक कर लें । मीटर रिले की लाल सुई हाई करेंट सेटिंग (ऑन) दिखाएगी ।
- - हरे बटन की मदद से मीटर रिले की लो करेंट सेटिंग एडजस्त कर लें । मीटर रिले की हरी सुई लो करेंट सेटिंग दिखाएगी ।
- - 220 वोल्ट एसी सप्लाई को आपरेटिंग बॉक्स के पी -1 और पी – 2 के टर्मिनलों से जोड़ दें । इसके बाद कम से कम 5 मिनट इन्तजार करें ।
- - अगर लाइन करेंट हाई करेंट सेटिंग्स से ऊंचा जाए तो कैपेसिटर बन्द हो जायेगा । इसको मैकेनिकल इंडिकेटर से सत्यापित कर लें ।
- - जब लाइन करेंट लो करेंट सेटिंग से कम हो जायेगा तो कैपेसिटर स्विच खुल जायेगा । इसे मैकेनिकल इंडिकेटर से सत्यापित करें ।

कनेक्शन – कन्ट्रोल सर्किट - ग्राउंडिंग कनेक्शन - रखरखाव

- **कनेक्शन –** मेन सर्किट एल्यूमिनियम पी जी क्लैम्प की सहायता से कैपेसिटर के साथ एच वी

टर्मिनलों को लाइन से कनेक्ट कर दें । कैपेसिटर साइड लीड का तार और सीटी मेन लीड वायर
मजबूती से बंधे होने चाहिए ।

- **कन्ट्रोल सर्किट :** - कैपेसिटर स्विच और आपरेटिंग बॉक्स को 6 कोर कन्ट्रोल केबिल से जोड़ते

समय यह सुनिश्चित कर लें कि स्विच में पानी तो नहीं गया है । कन्ट्रोल सर्किट को हाई वोल्टेज
सर्किट से दूर रखें । 230 वोल्ट एसी सप्लाई निकतम वितरण ट्रान्सफार्मर बुशिंग (एलटी)
के पास मेन से प्राप्त करनी चाहिए ।

- **ग्राउंडिंग कनेक्शन** – आपरेटिंग मैकेनिज़्म बॉक्स (लाइन और कैपेसिटर साइड) के दोनों तरफ

  ग्राउंड टर्मिनल लगे होते हैं । 8 एस डब्ल्यू जी जीआई वायर का इस्तेमाल ग्राउंडिंग के लिए प्रयोग

  करें और अर्थिंग के लिए दो अलग – अलग पिट (गड्डे) होने चाहिए । एलए (लाइटिनिंग अरेस्टर) के लिए ग्राउंडिंग वायर को अर्थिंग पिट से कनेक्ट नहीं करना चाहिए , इसके लिए अलग

  से अर्थ पिट बनाया जाए और डबल अर्थिंग करें ।

- **रखरखाव** – स्थानीय स्थितियों के अनुसार रखरखाव करना चाहिए । फिर भी एक साल में अवश्य कर लेना चाहिए । रखरखाव के बाद मैकेनिजम का ट्रायल जरूरी है । खासतौर से तूफान आने अथवा आसमानी बिजली गिरने के बाद रखरखाव जरूरी है । निरीक्षण और कैपेसिटर स्विच का संधारण (मेंटीनेंस) सप्लाई ऑफ करके किया जाना चाहिए ।

मीटर रिले सेटिंग एडजस्टमेंट –

- मीटर रिले सेटिंग पूरी तरह से सिस्टम की कंडीशन और उपभोकताओं के लोड पर निर्भर करता हैं इसलिए हर जगह यह एक जैसी नहीं होगी ।
- उदाहरण – किसी सिस्टम फीडर पर सबेरे 6 बजे से शाम 6 बजे तक 100 एम्पीयर का औसत पीक लोड होता है और ऑफ पीक आवर्स में यह लोड घट कर 40 एम्पीयर हो जाता है । पीक लोड आवर्स के दौरान पावर फ़ैक्टर (0.7) लेगिंग हो जाता है । इस पावर फ़ैक्टर को सुधारने की जरूरत है । जबकि इस फीडर पर ऑफ पीक आवर्स के दौरान लोड 40 एम्पीयर से कम हो जाता है , तो पावर फ़ैक्टर्स अगर कैपेसिटर जुड़े रहते हैं तो लीडिंग हो सकता है ।
- वीएनआरए – को मीटर रिले सेटिंग पैनल पर जरूरत के मुताबिक एडजस्टकर लेना चाहिए । लाल सुई (हाई) को 90 एम्पीयर पर और हरी सुई (लो) को 40 एम्पीयर पर सेट कर दें । ऐसा करने से जैसे ही लोड 90 एम्पीयर हो जायेगा , कैपेसिटर ऑन हो जायेगा । और जब लोड 40 एम्पीयर से नीचे जायेगा , तो कैपेसिटर का स्विच ऑफ हो जाएगा । इस तरह से पीक आवर्स के दौरान पावर फ़ैक्टर में सुधार आयेगा और लो लोड के कारण पावा फ़ैक्टर लीडिंग नहीं होगा ।

6

सिंगल फेज मोटर

सिंगल फेज मोटर

प्रैक्टिकल अंतर

इस चीज को समझने के लिए हम एक उदहारण का सहारा लेंगे। मान लेते है। हमारे पास दो मोटर है। ये दोनों मोटर आकर में सामान है तथा इनका वजन भी सामान है। लेकिन एक सिंगल फेज मोटर है तथा दूसरा थ्री फेज मोटर है। हम इन दोनों मोटर को चलाकर बारी बारी से एक टैंक को भरेंगे। माना की इस टैंक की कुल क्षमता 300 लीटर है। पहले हम सिंगल फेज मोटर से इस टैंक को भरते है तथा इसमें लगने वाले समय को नोट करते है। माना की सिंगल फेज मोटर इस टैंक को 3 घंटा में भरता है।

अब इसी टैंक को भरने के लिए **थ्री फेज मोटर**का उपयोग करते है तथा इसमें लगने वाले कुल समय को नोट करते है तो हम देखते है की थ्री फेज मोटर इसी टैंक को केवल 1 घंटामें भर देता है। इस उदाहरण से थ्री फेज तथा सिंगल फेज मोटर के बारे में अन्तर स्पस्ट हो गया होगा।इस अंतर को हम दूसरे कोण में ऐसे कह सकते है की सिंगल फेज मोटर 3 घंटा में जितना इलेक्ट्रिकल एनर्जी का उपयोग करेगा उतनी एनर्जी का उपयोग थ्री फेज मोटर एक घंटा में ही कर लेगा।

उम्मीद है आपको थ्री फेज तथा सिंगल फेज मोटर में अंतर समझ में आ गया होगा।

अब केवल सिंगल फेज मोटर के बारे में ही बात करेंगे। सिंगल फेज मोटर तीन प्रकार के होते है :-

- सिंगल फेज इंडक्शन मोटर
- सिंगल फेज सिंक्रोनस मोटर
- कम्यूटेटर मोटर

सिंगल फेज मोटर का निर्माण - अन्य सभी मोटर की तरह सिंगल फेज मोटर के भी दो मुख्य पार्ट होते है:-

(1) स्टेटर (2) रोटर

स्टेटर :-यह किसी भी इलेक्ट्रिकल मशीन का न घूमने वाला हिस्सा होता है। अर्थात यह स्थिर रहता है। सिंगल फेज मोटर में मैग्नेटिक फ्लक्स उत्पन्न करने के लिए स्टेटर में ही फील्ड कोइल (Coil) को रखा जाता है। तथा सिंगल फेज सप्लाई को स्टेटर के साथ ही कनेक्ट किया जाता है।

रोटर :-जैसा नाम से ही मालूम होता है की यह मोटर का घूमने वाला हिस्सा होता है। स्टेटर में उत्पन्न हुआ चुम्बकीय फ्लक्स जब रोटर द्वारा काटा जाता है तो इसमें एक ईएमऍफ़ इंड्यूस्ड (Emf Induced) कर देता है जिससे रोटर घूमने लगता है। मोटर द्वारा संचालित लोड को शाफ़्ट के मदद से रोटर के साथ ही जोड़ा जाता है।

सिंगल फेज इंडक्शन मोटर का कंस्ट्रक्शन थ्री फेज स्क्विरल केज इंडक्शन (Squirrel Cage Induction Motor) के सामान ही किया जाता है। स्टेटर में **हिस्ट्रेसिस लोस** (hysteresis loss) तथा एड्डी करेन्ट (Eddy Current) लॉस को कम करने के लिए, स्टेटर में हाई ग्रेड सिलिकॉन स्टील का उपयोग किया जाता है। स्टेटर के आंतरिक भाग में स्लॉट बनाये जाते है तथा इन्ही स्लॉट में फील्ड कोइल (Field Coil)को रखा जाता है। जब इन स्लॉट में रखे गए कोइल (Coil) को सिंगल फेज सप्लाई से कनेक्ट किया जाता है तब इसमें एक मैग्नेटिक फील्ड उत्पन्न हो जाता है।

सिंगल फेज इंडक्शन मोटर का रोटर थ्री फेज स्क्विरल केज इंडक्शन (Squirrel Cage Induction Motor)मोटर के सामान ही बनाया जाता है।

यह बेलनाकार (**सिलिन्द्रिकल - Cylindrical**) होता है तथा इसकी ऊपरी सतह पर अंदर की ओर स्लॉट बनाए गए होते है। ये स्लॉट एक दूसरे के समांतर न हो कर थोड़ा तिरछे होते है। इन्ही स्लॉट मेंकॉपर या एल्युमीनियमकी छड़ को रखा जाता है। इन छड़ो के अंतिम सिरों को आपस में जोड़ दिया जाता है जिससे ये एक बंद पास बनाते है। इन छड़ो को रोटर कंडक्टर (Rotor Conductor) कहा जाता है।

इन छड़ो के सिरों को जब आपस में जोड़ दिया जाता है तब यह एक पिंजरे के सामान नजर आता है इसलिए इसे स्क्विरल केज रोटर (Squirrel Cage Rotor) कहा जाता है। छड़ो को आपस देने से यह यांत्रिक (मेकेनीकली - Mechanically) रूप से मजबूत हो जाता है। इसके अलावा रोटर से किसी भी तरह का टर्मिनल बाहर भी नहीं निकलता है जिसे स्लिपरिंग की जरुरत भी नहीं पड़ती है।

छड़ो को मैग्नेटिक लॉकिंग से बचाने के लिए ही छड़ो को समांतर न रखकर थोड़ा तिरछा रखा जाता है। अगर ऐसा न किया गया तो इंडक्शन मोटर सिंक्रोनस मोटर की तरह कार्य करने लगेगा।

सिंगल फेज इंडक्शन मोटर का कार्य सिद्धान्त

हम सभी जानते है कि किसी भी इलेक्ट्रिकल मशीन में जब दो प्रकार के मैग्नेटिक फ्लक्स में इंटरेक्शन होता है तब एक टॉर्क (Torque)उत्पन्न होता है जो रोटर को घुमाता

है। घटना सिंगल फेज इंडक्शन मोटर के साथ भी होता है।

जब स्टेटर को सिंगल फेज सप्लाई से जोड़ा जाता है तब इसमें एक अल्टरनेटिंग करेंट (प्रत्यावर्ती धारा) (Alternating Current) का प्रवाह होने लगता है जिससे स्टेटर में एक अल्टरनेटिंग(Alternating)प्रवृति का मैग्नेटिक फ्लक्स उत्पन्न हो जाता है। यह फ्लक्स जब रोटर के स्लॉट में रखे गए छड़ में फैराडे के म्यूच्यूअल इंडक्शन (Mutual Induction) सिद्धांत के अनुसार एक EMF उत्पन्न हो जाता है। जिससे इन छड़ो में भी एकएसी (Alternating Current) प्रवाहित होने लगती है। जिससे रोटर में भी एक मैग्नेटिक फ्लक्स उत्पन्न हो जाता है जो स्टेटर द्वारा उत्पन्न मैग्नेटिक फ्लक्स को काउंटर करने के लिए उसी के दिशा में घूमने लगता है। इस इंटरेक्शन के कारण रोटर पर एक टार्क उत्पन्न हो जाता है जो रोटर को घुमाने लगता है। सिंगल फेज इंडक्शन मोटर (Single Phase Induction Motor) के स्टेटर में उत्पन्न हुआ मैग्नेटिक फ्लक्स जिस स्पीड से घूमता है उसे सिंक्रोनस स्पीड कहते है और इसे N_s सूचित किया जाता है।

यदि स्टेटर में कुल पोलों की संख्या P तथा आरोपित सप्लाई की फ्रीक्वेंसी (f) हो तो सिंक्रोनस स्पीड को निम्न सूत्र द्वारा व्यक्त किया जाता है :-

N_s = 120f/P जो आरपीएम (RPM) में होगा।

सिंगल फेज इंडक्शन मोटर सेल्फ स्टार्टिंग क्यों नहीं होती हैं ?

सिंगल फेज इंडक्शन मोटर (Single Phase Induction Motor)से संबंधित यह एक सामान्य सा प्रश्न है जो हमेशा पूछा जाता है। इस प्रश्न का जवाब इसके Working principle में ही निहित है। यदि आपको इसका जवाब नहीं मिल पा रहा है तो कोई बात नही हम बता दे रहे है।

जब सिंगल फेज एसी (AC) सप्लाई को स्टेटर के साथ जोड़ा जाता है तब स्टेटर में उत्पन्न हुआ मैग्नेटिक फ्लक्स भी अल्टरनेटिंग (Alternating)प्रवृति का होता है जो पल्सेटिंग (Pulasting) होता है जिसका मतलब यह हुआ की यह एक दिशा में शून्य से बढ़ता है और अधिकतम वैल्यू को प्राप्त करता है फिर दुबारा घटकर शून्य पर आता है विपरीत दिशा में अधिकतम वैल्यू को प्राप्त करता है। जिसे उत्पन्न हुए टार्क का नेट मान शून्य हो जाता है और रोटर जड़त्व (Inertia) के कारण नहीं घूमता है लेकिन जब कोई बाहर से रोटर को किसी भी दिशा में धक्का देता है तब रोटर उसी दिशा में घूमने लगता है।

किसी भी इलेक्ट्रिकल मोटर को घूमने के लिए कम से कम दो फेज की जरुरत होती है। जिससे दोनों फेज दो अलग अलग टार्क उत्पन्न कर सके तथा जिससे मोटर में नेट टार्क शून्य न रहे। इस प्रॉब्लम को दूर करने के लिए ही सिंगल फेज मोटर में दो प्रकार की वाइंडिंग की जाती है। जिसे मेन वाइंडिंग तथा औक्सिलरी वाइंडिंग (Main Winding तथा Auxiliary Winding) कहते है। तथा इन दोनों वाइंडिंग के बीच में एक रेसिस्टर या कैपैसिटर को कनेक्ट किया जाता है जो दोनों कोइल (Coil) के बीच में फेज डिफरेंस उत्पन्न कर सके।

डबल रिवोल्विंग फील्ड थ्योरी क्या है ? -

जैसा कि सिंगल फेज मोटर सेल्फ स्टार्टिंग नहीं होती है। सिंगल फेज इंडक्शन मोटर को सेल्फ स्टार्टिंग की व्याख्या डबल रिवोल्विंग फील्ड थ्योरी (Double Revolving Field Theory) से की जाती है। इस थ्योरी के अनुसार मोटर के स्टेटर में उत्पन्न हुए मैग्नेटिक फ्लक्स को दो बराबर परिणाम वाले परन्तु एक दूसरे के विपरीत घूमते मैग्नेटिक फ्लक्स में बाटा जा सकता है। ये दोनों मैग्नेटिक फ्लक्स दो अलग - अलग प्रकार के टार्क रोटर पर उत्पन्न करेंगे तथा इन दोनों टार्क के योग के बराबर का नेट टार्क रोटर को घुमाने लगेगा। जिससे मोटर सेल्फ स्टार्ट हो जायेगा। अर्थात हम कह सकते है की सिंगल फेज मोटर दो फेज सप्लाई पर कार्य करता है। इसके लिए कैपेसिटर का उपयोग किया जाता है ।

7

फैन कंडेंसर

फैन कंडेंसर

फैन कंडेंसर का इस्तेमाल बस स्टार्टिंग वाइंडिंग के जरिए करंट लोड को बढ़ाकर टॉर्क बनाने में किया जाता है, सिंगल फेज मोटर को चलाने के बाद हम कैपेसिटर हटा सकते हैं, इसके बाद भी कैपेसिटर को हटाने से मोटर बंद नहीं होगी और यह लगातार चलती रहेगी। कुछ मामलों में पॉवरफैक्टर को बेहतर बनाने के लिए दो कैपेसिटर का उपयोग किया जाता है।

फैन कंडेंसर

पंखे का रेगुलेटर कैसे काम करता है ?

फैन रेगुलेटर एक कैपेसिटर द्वारा पंखे में वोल्टेज को नियंत्रित करता है, पंखे के पार वोल्टेज निर्धारित करता है। पंखे की गति। कैपेसिटिव रेगुलेटर लीनियर स्पीड कंट्रोल के साथ एनर्जी एफिशिएंट होते हैं, बिना शोर के शांत ऑपरेशन और इलेक्ट्रॉनिक टाइप रेगुलेटर की तुलना में अत्यधिक विश्वसनीय होते हैं।

पंखे में कंडेंसर का क्या काम होता है ?

आपके एचवीएसी (HVAC) सिस्टम के भीतर **कंडेंसर** के पंखे में एक निर्धारित तापमान होता है जो इसे संचालित करने के लिए सुरक्षित होता है, आमतौर पर मोटर नाम टैग के किनारे लिखा जाता है। अधिकांश कंडेनसर प्रशंसक मोटर्स को लगभग 150F तक के तापमान पर संचालित करने के लिए डिज़ाइन किया गया है। जब पंखे की मोटर में कुछ गड़बड़ी होती है, तो यह एचवीएसी प्रणाली के साथ समस्याएं पैदा कर सकता है।

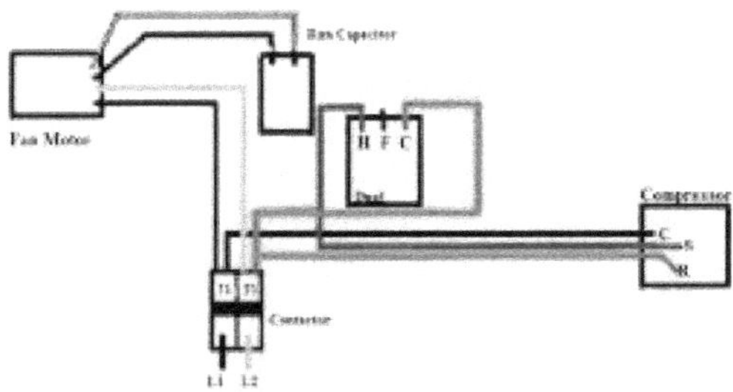

चूंकि आमतौर पर घरों, कार्यालयों और दूसरे संस्थानों में लाइट लोड के लिए सिंगल फेज बिजली की ही आपूर्ति की जाती है, इसीलिये इन जगहों पर इस्तेमाल की जाने वाली सभी मोटरें ए सी सिंगल फेज से चलने वाली होती हैं। उसमें भी सिंगल फेज ए सी इंडक्शन मोटरों का उपयोग बहुतायत में किया जाता है, और किया क्यों न जाये जबकि सिंगल फेज मोटर्स ज्यादा विश्वसनीय, लागत में सस्ते, निर्माण में सरल और मरम्मत में आसान हैं। तो फिर पंखों में भी यही मोटर लगाई जाती हैं।

इतने फायदों के साथ सिंगल फेज एसी इंडक्शन मोटर में एक कमी भी है कि ये स्वचलित या सेल्फ स्टार्टिंग नहीं हैं। यानी कि यदि इनको सीधे-सीधे बिजली की आपूर्ति दी जाए तो ये स्वयं से घूमने नहीं लगती, जिसका कारण इनके स्टेटर वाइंडिंग में सिंगल फेज का ए सी करंट देने पर वहाँ ए सी यानी कि अल्टरनेटिंग मैग्नेटिक फील्ड उत्पन्न होती है, साथ ही ऐसी ही मैग्नेटिक फील्ड इसके रोटर में भी म्यूच्यूअल इंडक्शन के कारण उत्पन्न होती है, लेकिन यहाँ फील्ड के सिर्फ अल्टरनेटिंग होने से घूर्णन बल उत्पन्न नहीं होगा, उसके लिए रिवॉल्विंग (घूमती हुई) मैग्नेटिक फील्ड चाहिए, या फिर हर बार शुरुआत में मोटर को करंट सप्लाई देने के बाद रोटर को बाहरी बल द्वारा थोड़ा धक्का देना पड़ेगा तब वह घूमना शुरू करेगी। जबकि तीन फेज ए सी इंडक्शन मोटर में तीनों फेज में एंगल डिफरेंस होने के कारण तीन अलग-अलग वाइंडिंगों से ये काम खुद ब खुद हो जाता है।

जबकि सिंगल फेज ए सी इंडक्शन मोटर में इसका समाधान स्टेटर पर मेन वाइंडिंग के साथ एक स्टार्टिंग वाइंडिंग लगा कर किया गया। यहाँ दोनों वाइंडिंग्स को पैरेलल में कनेक्ट करके, स्टार्टिंग वाइंडिंग के सीरीज में एक कैपेसिटर को जोड़ा गया, जिससे दोनों वाइंडिंग्स के बीच 90° का फेज डिफरेंस उत्पन्न हो सके, जिसके कारण इसे फेज स्प्लिट मोटर भी कहते हैं। इस तरह कैपेसिटर की वजह से सिंगल फेज से ही दो फेज का काम लिया जा सका।अब जो मैग्नेटिक फील्ड उत्पन्न हुई वह रिवॉल्विंग थी, जिससे मोटरशुरुआत से ही अपने आप घूमना शुरू कर सके।

एक बार जब मोटर उसकी निर्धारित गति की 80 से 90% गति पर घूमने लगती है तो सेन्ट्रीफ्यूगल स्विच के द्वारा इस स्टार्टिंग वाइंडिंग को सर्किट से बाहर कर दिया जाता है।

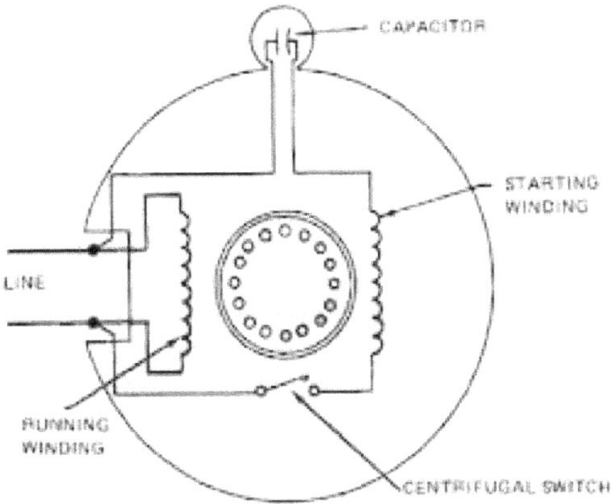

उम्मीद है उपरोक्त उत्तर आपको पंखे में ए सी सिंगल फेज मोटर के साथ कैपेसिटर के इस्तेमाल के बारे में उपयुक्त जानकारी देने में सहायक सिद्ध होगा।

सीलिंग फैन या कोई भी सिंगल फेज इंडक्शन मोटर स्प्लट फेज (split phase) के सिद्धांत पर कार्य करती है induction मोटर को चलने के लिए दो फेज की जरूरत होती है क्योंकि जब तक मोटर में दो मैग्नेटिक फ्लक्स नही होंगे तब तक टार्क (torque) पैदा ही नही होगा और सिंगल फेज विद्युत सप्लाई में एक ही फेज होता है इसलिए मोटर के स्टेटर में दो दो कोइल (coil) बनाई जाती है एक मैंन (main) वाइंडिंग दूसरी ऑक्सीलरी (auxiliary) वाइंडिंग और ऑक्सील्लीरी वाइंडिंग में एक कैपेसिटर को लगाकर दूसरा फेज बनाया जाता है जो मैंन (main) फेज से कुछ एंगल पीछे होता है (दूसरे शब्दों में कहे तो एक फेज को स्प्लिट (split) करके दो फेज बना दिये जाते है)

क्या होगा अगर हम पंखे में से कंडेंसर/**कैपेसिटर** निकल दें ?

यह जानने के लिए कि पंखे में से कैपेसिटर/कंडेनसर को निकाल देने से क्या होगा, उससे पहले हमें यह जानना चाहिए कि पंखे में कैपेसिटर का क्या काम है। आइए जानते हैं।

पंखे में एक फेज वाले इंडक्शन मोटर (single phase induction motor) का उपयोग किया जाता है जो मुख्यतः परमानेंट कैपेसिटर टाईप (permanent capacitor type) होता है। हम जानते हैं कि एक **फेज का इंडक्शन मोटर स्वचालित (self starting) नहीं** होता है अर्थात इस मोटर को यदि सीधे सप्लाई से जोड़ दें तो यह नहीं चलेगा। इसे स्वचालित बनाने के लिए इसे अस्थायी रुप से दो फेज का इंडक्शन मोटर बनाते हैं। दो फेज का इंडक्शन मोटर बनाने से इसमें एक खास दिशा में **बल-आघूर्ण (torque)** पैदा होता है जिससे मोटर घूमने लगता है। अब यह काम कई तरीकों से किया जा सकता है लेकिन सबसे अच्छा तरीका यह है कि हम मोटर के किसी एक कुंडलन (winding) के साथ श्रेणी क्रम में एक कैपेसिटर जोड़ दें। इस कैपेसिटर का काम बस इतना होता है कि यह मोटर को चलने के लिए शुरुआती बल आघूर्ण प्रदान करता है। इस कैपेसिटर की **धारिता (capacitance)** जितनी अधिक होगी यह उतना ही अधिक बल आघूर्ण देगा जिससे पंखा अधिक गति से घूमेगा। कैपेसिटर

लगाने का एक फायदा यह भी है कि यह मोटर के शक्ति गुणक (power factor) को बढ़ाता है।

अब यदि पंखे से कैपेसिटर को निकाल दें तो इस बात की पूरी संभावना है कि पंखा बहुत कम गति से घूमेगा। यह भी हो सकता है कि पंखा चालू ही न हो। इस स्थिति में आपको पंखे को अपने हाथों से शुरुआती स्टार्ट देना होगा।

कैपेसिटर : –

कैपेसिटर को और भी कई नामो से जाना जाता हैं जैसे :-कंडेंसर , फिल्टर इत्यादिः-

कैपेसिटर मुख्यतः दो प्रकार के होते हैं |

1 :- पोलर (POLAR)

2 :- नॉन पोलर (NON POLAR)

किसी भी सर्किट में कैपेसिटर को { C } के द्वारा दर्शाया जाता हैं अर्थात कैपेसिटर का संकेत C होता हैं|

1:- पोलर (POLAR) कैपेसिटर

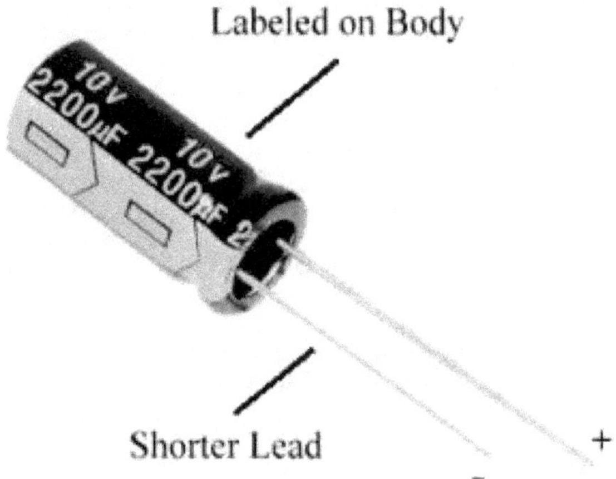

ऐसे कैपसिटर जिनमे नेगेटिव (negative) और पोजिटिव (positive) पॉइंट्स होते हैं। पोलर कैपेसिटर (Polar Capacitor) कहलाते हैं। इन कैपेसिटर (Capacitor) को सर्किट (circuit) में लगाते समय नेगेटिव और पॉजिटिव का विशेष रूप से ध्यान रखना पड़ता हैं। यदि यह उलटे लगा दिए जाए तो यह गरम होकर फट जाते हैं। तथा सर्किट को भी नुकसान पंहुचा सकते हैं|

पोलर कैपेसिटर को चेक करना -

एनेलोग (Analog) मल्टीमीटर :- पोलर कपैसिटर को मल्टीमीटर से चेक करने पर एक बार सुई अंतिम सिरे तक जाती हैं और फिर वापस सुई धीरे धीरे निचे की तरफ आ जाती है तो कैपेसिटर सही है। यदि सुई वापिस नहीं आती है तो कपैसिटर शार्ट है।

यदि कपैसिटर ओपन होगा तो मीटर की सुई नहीं हिलेगी।

यदि कैपेसिटर शोर्ट बताता हैं या ओपन बताता हैं या सुई फुल अन्तिम छोर तक जाने के बाद बीचमें कही भी रुकती हैं तो भी ख़राब हैं ।

डिजिटल (Digital) मल्टीमीटर :- पोलर कैपसिटर को Digital मल्टीमीटर से चेक करने के लिए मल्टीमीटर को बजर (buzzer) पर सेट करेंगे कैपेसिटर (capacitor) के दोनों सिरों (+ , –) पर मल्टीमीटर के दोनों प्रोब को लगाने पर मल्तीमीटर रीडिंग बताकर वापस (1) पर आ जाता हैं तो सही हैं | इसके अलावा कुछ बताता हैं तो ख़राब हैं ।

पोलर कैपेसिटर (capacitor) के ऊपर पोजिटिव (positive)और नेगेटिव **(negative)** टर्मिनल का पता लगाने के लिए कैपेसिटर (capacitor) के ऊपर एक कलर की हुई पट्टी दिखाई देती हैं उस पट्टी के अंदर (- – -) लिखा हुआ रहता हैं । जिसे हम नेगेटिव (negative) सिरा कहते हैं और दूसरा सिरा पोजिटिव (positive) कहलाता हैं ।

2:- नॉन पोलर (NON POLAR)कैपेसिटर

ऐसे कैपसिटर जिनमे नेगेटिव (negative) और पोजिटिव (positive) टर्मिनल नहीं होते हैं। **नॉन पोलर कैपेसिटर** (Non Polar Capacitor) कहलाते हैं। इन **कैपेसिटर (Capacitor)** चाहे जैसे लगा सकते हैं।

क्या बिना कैपेसिटर के एक फैन चल सकता है ?

सीलिंग पंखे में कैपेसिटर का उपयोग केवल घुमाने के लिए किया जाता है, आप अपने सीलिंग फैन को कैपेसिटर के बिना केवल पंखे को चालू करके और इसे आवश्यक आरपीएम प्रदान करके शुरू कर सकते हैं जिसे कुछ घूर्णी धक्का प्रदान करने वाली छड़ी द्वारा प्राप्त किया जा सकता है। एक बार, यह आवश्यक आरपीएम प्राप्त कर लेता है, पंखा किसी भी विनियमित गति पर घूम सकता है।

8

आईटी (इन्फोरमेशन टेक्नोलोजी) - सूचना प्रौद्योगिकी

आईटी (इन्फोरमेशन टेक्नोलोजी) - सूचना प्रौद्योगिकी

माइक्रो चिप – माइक्रो चिप कहने को बहुत छोटी सी चीज है, लेकिन इसके काम बहुत बड़े होते हैं । माइक्रो चिप दरअसल एक इंटीग्रेटेड सर्किट की एक चिप होती है जो कि सिलिकोनसे बनी होती है । यह प्रोग्राम लॉजिक और कम्प्यूटर मेमोरी के लिए बनाई जाती है । आज के दौर में माइक्रो चिप कम्प्यूटर, मोबाइल के अलावा कई इलेक्ट्रोनिक सिस्टम की जरूरत है । सन 1958 – 59 में इसका आविष्कार रॉबर्ट नोयस और जैक किल्बेने किया था । पहली बार माइक्रो चिप सन 1961 में लोगों को उपलब्ध हुई । जैक किल्बे ने ही बाद में पोर्टेबल कैल्क्यूलेटर का आविष्कार किया । तब से लेकर अब तक माइक्रो चिप में कई परिवर्तन आ चुके हैं । पहली माइक्रो चिप में जहां एक ट्रान्जिस्टर, एक कैपेसिटर और तीन रजिस्टर थे । वहीं आज की कई माइक्रो चिप में एक छोटे सी जगह में 125 मिलियन ट्रान्जिस्टर समाए होते हैं । माइक्रो चिप का उपयोग टेलीविज़न और जी पी एस डिवाइस में भी किया जाता है । मोबाइल में माइक्रो चिप होती हैं, जिससे इन्टरनेट एसेस कर पाते हैं ।

ई – मेल –@ –

अमेरिका के कैम्ब्रिज में रेमंड सैमुअल टॉमलिनसन नामक वैज्ञानिक इलेक्ट्रोनिक डिवाइसेज में इंसटेंट मैसेजिंग पर कई साल से काम कर रहे थे । उन्हें इस काम में 1971 में पहली सफलता तब मिली, जब उन्होंने अपने ही ऑफिस में रखे एक कम्प्यूटर से दूसरे कम्प्यूटर में संदेश भेजने में कामयाबी हासिल की । उनके ऑफिस के यह दोनों कम्प्यूटर्स अर्पानेट (Advanced Research Projects Agency Network) (एडवांस्ड रिसर्च प्रोजेक्ट्स एजेन्सी नेटवर्क) से जुड़े हुए थे । इसलिए इस अर्पानेट को इन्टरनेट का

पूर्वज माना जाता है । यह दुनिया का पहला ई – मेल माना जाता है । इस अर्पानेट का उपयोग सन्देश को एक स्थान से दूसरे स्थान पर भेजने के लिए किया जाता था । इस प्रकार जब पहला ई – मेल भेजा गया तब इन्टरनेट नहीं था और आजकल इन्टरनेट के बिना ई – मेल नहीं भेजा जा सकता ।

आधुनिक इन्टरनेट –

अर्पानेट के बाद 1973 से इन्टरनेट की नींव तो पड़ गई, परन्तु इसके बाद जनवरी – 1983 में आधुनिक इन्टरनेट का जन्म हुआ । यह भी यूरोप और आस्ट्रेलिया में । सन 1992 में पहली बार ई – मेल में तस्वीर/चित्र अटेच करके फोटो ईईए मेल भेजा गया । नेपोलियन बोरेनसतीं ने अपने सहयोगी नेड़ फ्रीड के साथ मिलकर इस तकनीक पर काम किया था । यह अलग फाइल थी, जिसे अटेच करके भेजना होता था । यह मात्र शब्द सन्देश नहीं बल्कि पूरा अलग फोरमेट होता था ।

भारत में इन्टरनेट – भारत में 15 अगस्त 1995 को पहली बार इन्टरनेट का उपयोग हुआ । भारत का विदेश संचार निगम लिमिटेड (VSNL - वीएसएनएल) पहली बार इन्टरनेट को भारत में अपने उपभोक्ताओं के उपयोग के लिए लाया था ।

कम्प्यूटर एवं इन्टरनेट के मूल तत्व –

कम्प्यूटर के मूलभूत भाग –

सीपीयू – सेंट्रल प्रोसेसिंग यूनिट– कम्प्यूटर का मस्तिस्क/दिमाग, यह प्रोग्राम के निर्देशों की व्याख्या करता है और उन्हें पूरा करता है ।

हार्ड ड्राइव – एक ऐसा उपकरण जो विशाल मात्रा में डेटा भंडारित/स्टोर करता है ।

मॉनीटर – एक ऐसा उपकरण जो कम्प्यूटर स्क्रीन को शामिल करता है जहां जानकारी को दृष्टिगत रूप से प्रदर्शित किया जाता है ।

माउस – एक हाथ से पकड़ा जाने वाला उपकरण जिसका उपयोग मॉनीटर की ओर संकेत करने के लिए होता है ।

स्पीकर - वे उपकरण जो आपको कम्प्यूटर से ध्वनियां सुनने में सक्षम करते हैं ।

प्रिन्टर – ऐसा उपकरण जो कम्प्यूटर से आउट पुट को छपाई किए गए कागज के डोक्यूमेंट में परिवर्तित करता है ।

की बोर्ड –

तीर के निशान (एरो) – चार – तीर के निशान वाली (एरो) कीज – अपने कर्सर को चलाने के लिए इन कीज को दबाते हैं ।

स्पेस बार– एक रिक्त स्थान जोड़ता है ।

एंटर/रिटर्न – कर्सर को नई पंक्ति/लाइन पर ले जाता है

शिफ्ट – यदि कोई बड़ा अक्षर या किसी की पर ऊपर के प्रतीक/निशान को टाइप करने के लिए, इस की (शिफ्ट की) को दबाते हैं ।

कैप्स लॉक – यदि टाइप किए जाने वाले सभी अक्षर बड़े हों तो कैप्स लॉक की दबाकर टाइप करते हैं ।

बेक स्पेस – कर्सर के बाईं ओर की सारी सामग्री को हटा देता/मिटा देता है ।

इन्टरनेट संबन्धित मूलभूत शब्द –

इन्टरनेट – कम्प्यूटर नेटवर्क का एक विशाल अंतर्राष्ट्रीय संग्रह जो जानकारी को स्थानान्तरित करता है ।

डब्ल्यू – डब्ल्यू – डब्ल्यू – वर्ल्ड वाइड वेब – एक ऐसी प्रणाली जो आपको इन्टरनेट पर जानकारी का उपयोग करने देती है ।

वेब साइड – वर्ल्ड वाइड वेब और इन्टरनेट पर एक स्थान जिसमें एक विशिष्ट विषय के बारे में जानकारी शामिल हैं ।

होम पेज – किसी वेब साइड के विषय में जानकारी देता है और आपको उस वेब साइड पर अन्य पृष्ठों के लिए राह दिखाता है ।

लिंक/हाइपर लिंक – एक चिन्हित या रेखांकित किया गया आइकॉन, ग्राफिक या टेक्स्ट जो आपको किस अन्य फाइल या वस्तु तक ले जाता है ।

वेब पता/यूआरएल – किसी वेबसाइड के लिए पता

पता बॉक्स – ब्राउज़र विंडो में एक बॉक्स जिसमें वेब पता टाइप कर सकते हैं ।

एमएस ऑफिस एवं ई – मेल – एमएस ऑफिस या माइक्रोसॉफ्ट ऑफिस माइक्रोसॉफ्ट द्वारा बनाए गए कम्प्यूटर प्रोग्राम का एक समूह है । वैसे तो यह सभी उपयोग कर्ताओं के लिए बनाया गया है, यह विशिष्ट रूप से विद्यार्थियों, घरेलू उपयोग कर्ताओं और व्यावसायिक उपयोग कर्ताओं की आवश्यकताओं को पूरा करने के लिए विभिन्न संस्करण पेश करता है । सभी प्रोग्राम विंडोज और मेकिनटोस दोनों के साथ संगत हैं ।

सर्वाधिक लोकप्रिय ऑफिस उत्पाद –

सर्वाधिक लोकप्रिय आर सार्वभौमिक रूप से उपयोग होने वाले कुछ डे एप्लीकेशन निम्नांकित हैं –

माइक्रोसॉफ्ट वर्ड – उपयोगकर्ताओं को डोक्यूमेंट में टेक्स्ट टाइप करने और चित्र जोड़ने की अनुमति देता है ।

माइक्रोसॉफ्ट एक्सेल – उपयोगकर्ताओं को स्प्रेड शीट में डेटा डालने और गणना और ग्राफ बनाने की अनुमति देता है ।

माइक्रोसॉफ्ट पावर प्वाइंट – उपयोगकर्ताओं को टेक्स्ट, चित्र, और मीडिया जोड़ने और स्लाइड शो और प्रजेंटेशन बनाने की अनुमति देता है ।

माइक्रो सॉफ्ट आउट लुक – उपयोगकर्ताओं को ई – मेल भेजने और प्राप्त करने की अनुमति देता है ।

माइक्रोसॉफ्ट वन नोट – उपयोगकर्ताओं को कागज पर पेन चलाने की अनुमति देते हुए चित्र और नोट बनाने की अनुमति देता है ।

माइक्रोसॉफ्ट एक्सेस – उपयोगकर्ताओं को कई तालिकाओं में डेटा भंडारित करने देता है ।

टिप्स –

किसी ई - मेल का उत्तर देने के लिए एक शॉर्ट कट तरीके के रूप में सीटीआरएल प्लस आर (Ctrl + r) दबाएँ

अत्यधिक महत्वपूर्ण ई - मेल के लिए अपने डेस्क टॉप नोटिफिकेशन सेट करें । संदेशों को चुनकर इनसर्ट की दबाएं और संदेशों को शीघ्र फ़्लैग करें ।

अक्सर भेजे जाने वाले ई – मेल को टेम्पलेट के रूप में सेव करें (सहेजें) ताकि आप उनका उपयोग बार – बार कर सकें ।

महत्वपूर्ण ई – मेल को फाइल के रूप में सुविधाजनक रूप से सेव करें ।

सेव करना – जो आप टेक्स्ट लिख रहें उसे सेव करने के लिए सीटीआरएल की और एस (Ctrl + S) की दबाएं ।

कापी करने के लिए – सीटीआरएल और सी (Ctrl + C) की दबाए

पेस्ट करने के लिए – सीटीआरएल की और वी (Ctrl + V) की दबाएं

जो गलती से डिलीट/मिट गया उसे दुबारा लाने के लिए – सीटीआरएल की और ज़ेड (Ctrl + Z) की दबाएं

ब्ल्यू टूथ – ब्ल्यू टूथ में बेतार (वायरलेस) तकनीकी होती है । इसके द्वारा दो या दो से अधिक इलेक्ट्रोनिक डिवाइसेस को आपस में जोड़कर शॉर्ट वेव लेन्थ यू एच एफ रेडियो तरंगों का उपयोग करते हुए डाटा का आदान – प्रदान किया जाता है । इस तकनीक द्वारा 10 या 100 मीटर की दूरी तक बिना किसी कोण से ये डिवाइसेस आपस में सम्पर्क कर सकती हैं, लेकिन इसके लिए डिवाइसेस में ब्ल्यू टूथ होना जरूरी होता है । ब्ल्यू टूथ टेक्नोलोजी में रेडियो तरंगों के द्वारा इन उपकरणों को जोड़ने का काम किया जाता है । इस तकनीक से एक समय में एक से अधिक 7 उपकरणों को जोड़ा जा सकता है । ब्ल्यू टूथ के भी वर्जन होते हैं जैसे वी 1.2, इसकी गति 720 केबीपीएस होती है और वी 2.0 इसकी गति 2.1 एमबीपीएस होती है । दो डिवाइस जिनमें ब्ल्यू टूथ होता है, उन्हें एक – दूसरे से कनेक्ट करने के लिए पेयर करना होता है । मोबाइल फोन और हैंडस फ्री हेंड सेट के बीच वायरलेस कंट्रोल और कम्यूनिकेशन के लिए सबसे पहले यह तकनीक लोकप्रिय हुई और अब तो इसके सैकड़ों उपयोग हैं ।

एसडी कार्ड – एसडी कार्ड जिसे सिक्योर्ड डिजिटल कार्ड, मैमोरी कार्ड भी कहते हैं । इसका उपयोग फोन, कैमरे व अन्य उपकरणों का डिजिटल डेटा, फोटो, वीडियो, आडियो, टैक्स्ट फाइल्स सेव करने के लिए करते हैं । ये भी कई प्रकार के होते हैं, एस डी एस सी कार्ड, जिसकी स्टोरेज क्षमता 128 एमबी से लेकर 4 जीबी तक होती है ये नॉर्मल कार्ड होते हैं । एस डी एच सी कार्ड यानी सिक्योर डिजिटल हाई कैपेसिटी कार्ड की क्षमता 32 जीबी डेटा सेव करने की होती है । एस डी एक्स सी कार्ड सिक्योर डिजिटल एक्सटेंडेट कैपेसिटी कार्ड में 64 जीबी

से 2 टीबी तक डेटा स्टोर हो सकता है । 1999 में स्कैन डिस्क मैटसुशिटा और तोशिबा ने सिक्योर मैमोरी कार्ड डेवलप किया । इसके बाद तो मिनी कार्ड, माइक्रो कार्ड की भरमार हो गई । स्मार्ट एसडी मैमोरी कार्ड माइक्रो एसडी कार्ड होता है, जिसमें एक इंटरनल सिक्योर एलिमेंट आई एस ओ एप्लीकेशन प्रोटोकॉल डेटा को ट्रांसफर करने में सहायक होता है । इनमें 3.3 वोल्ट इंट्राफेस होता है । एसडी कार्ड और होस्ट डिवाइस सिंक्रोनाइस वन – बिट इंट्राफेस तकनीक से कम्युनिकेट कर डेटा ट्रांसफर करते हैं ।

9
ऊर्जा बचत

ऊर्जा बचत

ऊर्जा बचत - खपत उपयोग से संबन्धित नारे/मुहावरे

ऊर्जा नही यह सोना है, व्यर्थ इसे नही खोना है ।

बिजली की बचत ही बिजली का उत्पादन है ।

जब भी भैया घर से बाहर जाओ, बिजली बत्ती जरूर (अवश्य) बुझाओ ।

बिजली चोरी नही है खेल, इसमें है तीन साल की जेल ।

बिजली चाहिए नियमित, खर्च करो सीमित ।

बिजली हम बनाएगे, बिजली हम बचाएंगे, बिजली का उपयोग जन - जन को समझायेगे ।

घर - घर बिजली गाव - गाव प्रकाश, सौर ऊर्जा का विकास ।

बिजली का गम नही, सौर ऊर्जा कम नही ।

बनेगा ये भारत स्वर्ग अपना, जब सच होगा ऊर्जा संरक्षण का सपना ।

ऊर्जा संरक्षण का विचार यह नही है कि आवश्यकता में कमी की जावे, और न उपयोगिता को कम किया जावे, सामान्यत: ऊर्जा संरक्षण का विचार किसी भी तरीके से ऊर्जा के दुरुपयोग रोकना, ऊर्जा बर्वाद न करना है ।

सामान्यत: 12 प्रतिशत बिजली की बचत वार्षिक तौर पर कम की जा सकती है केवल सफ़ेद रंग में घर की दीवारों को रंग कर ।

सामान्यत: एक डिग्री टेम्प्रेचर एसी (एयर कंडीसनर) का बढ़ाने पर औसतन 5 प्रतिशत विद्युत की बचत होती हे ।

कृपया विद्युत का अनावश्यक एवं अनाधिकृत उपयोग न करें ।

विद्युत बिल का समय से भुगतान, सरचार्ज एवं कनेक्शन कटने की असुविधा से निदान ।

ऊर्जा संरक्षण (एनर्जी कंजर्वेशन) –

ऊर्जा संरक्षण का विचार प्रायः यह नहीं है कि आवश्यकता में कमी की जावे, और न उपयोगिता को कम किया जावे । सामान्यतः ऊर्जा संरक्षण का विचार किसी भी तरीके से ऊर्जा के दुरुपयोग को रोकना, ऊर्जा बर्बाद न करना है ।

एलईडी बल्ब से ज्यादा रोशनी –

एलईडी बल्ब का आजकल घरों में सबसे ज्यादा उपयोग हो रहा है । इससे रोशनी भी ज्यादा मिलती है । दरअसल एलईडी को लाइट एमिटिंग डायोड "कहते हैं । इसमें सीएफएल बल्बों की तरह पारा नहीं होता है, लेकिन इसमें लेड और निकिल, जैसे घटक होते हैं । घरों में 20 वाट तक के एलईडी बल्ब का उपयोग करते हैं, क्योंकि यह बल्ब एक पूरे कमरे/हॉल में रोशनी करने के लिए पर्याप्त होते हैं । एलईडी बल्ब में मुख्य एसी करेंट को डीसी में कन्वर्ट करने वाला सर्किट होता है । इससे बिजली की कम खपत से अधिक रोशनी मिलती है । एलईडी बल्ब के अंदर एक छोटा सा इलेक्ट्रोनिक सर्किट होता है । इस सर्किट में कुछ ट्रान्जिस्टर और कैपेसिटर लगे होते हैं । एलईडी के सर्किट में इलेक्ट्रॉन अर्ध चालक पदार्थ से होकर गुजरता है तो छोटे कणों को रोशनी प्रदान करता है, जिन्हें एलईडी कहा जाता है । ये बहुत लंबे समय तक चलते हैं और वोल्टेज फ्लक्चुएशन को भी झेल लेते हैं ।

ऊर्जा बचाने के कुछ सरल उपाय –

कमरे से बाहर जाते समय सभी लाइट व पंखों के स्विच बंद कर दें ।

अत्याधिक आवश्यकता पड़ने पर ही एयर कंडीशनर, कूलर, हीटर पंखा, टीवी आदि उपयोग में लायें ।

एसी का एक डिग्री टेम्परेचर बढ़ाने से ऊर्जा की 5 % बचत होती है । उदाहरण – बचत % = [(अधिक टेम्परेचर – कम टेम्परेचर) / (बाहरी टेम्परेचर - कम टेम्परेचर)] 100 = [(25 -24) / (45 – 24)] 100 = (1 / 21) 100 = 5 % ।

साधारण बल्व के स्थान पर ऊर्जा दक्ष सीएफएल (कांपेक्ट फ्लोरोसेंट लैम्प) और एलईडी का उपयोग करें ।

इलेक्ट्रोनिक रेगुलेटर युक्त पंखों का उपयोग करें ।

रात्रि में केवल उन्हीं कमरों में बल्वों/ट्यूब लाइटों से प्रकाश करें जहां कोई कार्य हो रहा हो । बाकी कमरों की बत्तियाँ बंद रखें ।

कमरों की दीवारों की भीतरी सतह पर हल्के रंगों का प्रयोग करें । मकान के अंदर की दीवारों को केवल सफेद रंग करने से एक वर्ष में लगभग 12 – 15 % ऊर्जा की बचत होती है ।

पतले तार कम समय में ही गर्म हो जाते हैं, इससे विद्युत क्षय तो होती है साथ ही दुर्घटना की भी संभावना रहती है ।

ऊर्जा दक्षता सुनिश्चित करने के लिए अच्छे निर्माताओं द्वारा उत्पादित प्रमाणित आई एस आई मार्क युक्त विद्युत उपकरणों का प्रयोग करें । ऊर्जा दक्षता से संबन्धित स्टार रेटिंग वाले उपकरण - ट्रांसफार्मर, ट्यूब लाइट, फ्रिज, एसी (एयर कंडीशनर) और टीवी

(टेलीवीजन) ही उपयोग करें । अधिक दक्षता वाले विद्युत उपकरणों तथा कम पावर के अधिक प्रकाश देने वाले बल्व जैसे एलईडी, ट्यूब लाइट सोडियम लैम्प आदि का उपयोग करें ।

बल्व के बजाय ट्यूब लाइट का उपयोग करें । 40 वाट की ट्यूब लाइट 100 वाट के बराबर उजाला देती है । अपना कार्य योजना बद्ध तरीके से करें ताकि समय का अपव्यय कम से कम हो ।

घरेलू कार्यों जैसे गैस – ओवन अथवा इस्तरी/प्रेस आदि में समय बद्धता महत्वपूर्ण है । सुनिश्चित करें कि आपके घर की वायरिंग, प्लग, स्विच, उपकरण आदि उचित ऊर्जा – दक्षता, स्तर तथा उपयुक्त आकार के हैं ।

अपने साथियों/सहकर्मियों/अधीनस्थ कर्मचारियों को प्रोत्साहित करें कि वे दिन के समय कृत्रिम प्रकाश (बिजली) का कम से कम उपयोग करें ।

ऐसी प्रणाली अपनाएं जिससे कमरे में किसी के ना रहने पर एसी तथा तेज रोशनी बंद हो जाये ।

ऐसी योजना बनाएं कि भोजनावकाश में नियमित कारोबार से अतिरिक्त समय में केवल अत्यावश्यक स्थानों की ही बत्तियाँ/पंखों का प्रयोग किया जावे एवं अन्य अनावश्यक बत्तियां / पंखे बंद रहें ।

कैंटीन अथवा चाय बनाने के स्थान पर बिजली की बजाय गैस का इस्तेमाल किया जावे ।

मोटर के साथ "शंट कैपेसिटर" लगाने से " पावर फ़ैक्टर " में सुधार होता है । जिसके अनुरूप औद्यौगिक इकाई का डिमांड बिल "(केवीए) कम हो जाता है और साधारण बिल भी कम आयेगा ।

मोटर में समयानुसार आवश्यक रखरखाव/सुधार कार्य करें जैसे कि "लुब्रीकेंट "करना, घिसी तथा पुरानी बीयरिंग को तुरंत बदलना, पट्टे व घिर्री को समय – समय पर कसते रहना आदि ।

मोटर तथा विद्युत भार को यथासम्भव पास – पास रखें ।

उद्योगों में समय – समय पर नई तकनीकी की जानकारी एवं क्रियाओं का उपयोग करें । इससे सभी क्षेत्रों में लगे सयन्त्रों की उत्पाद क्षमता में काफी वृद्धि की जा सकती है ।

ऊर्जा बचत के क्षेत्रों का पता लगाएँ और ऊर्जा बचत के लक्ष्यों को प्राप्त करने के लिए कारगर उपाय/नियम बनाएँ । मशीनों के व्यर्थ चलने के समय को घटाएँ, चाहे वह लापरवाही के कारण हो अथवा सेल्फ स्टार्टर में खराबी के कारण ।

आई एस आई चिह्न वाले प्रमाणित डिलेवरी वाल्ब का उपयोग करने से विद्युत खपत में लगभग 5 % की बचत होती है ।

मोटर एवं पम्प के शाफ़्ट को एक सीध में फिट करें इससे बीयरिंग पर कम भार पड़ता है । अपनी मोटर की अर्थिंग सही ढंग से करें । पाइप लाइन में अनावश्यक मोड़ों (बेंड्स) व जोड़ों

(फ्लेंज जोइंट्स) का उपयोग न करें । डिलीवरी पाइप की लंबाई आवश्यकतानुसार कम से कम रखें ।

प्रकाश प्रदूषण – प्रकाश प्रदूषण से मुक़ाबला करने के लिए कुछ साधारण से उपाय जैसे जरूरत वाले इलाकों पर ही लाइट फोकस करके, ऊपर जाने से रोशनी को रोककर, सेंसर्स के जरिए जरूरत नहीं होने पर बंद करके, लाइट बर्वादनहीं करने के साथ ही एंटी ग्लेयर व ग्लो स्टोन आदि अपनाए जा सकते हैं । अध्ययन के अनुसार देश की 58.5% आबादी प्रकाश प्रदूषण की जद में है ज़िम्मेदारी से लाइट जलाने को प्रोत्साहित और उसकी वकालत करने के साथ ही इस बात को सुनिश्चित करें किहमारे आसपास लाइट हद से ज्यादा और व्यर्थ न हो । हमारी जिंदगी में धीरे – धीरे घुस रहे प्रकाश प्रदूषण से मुक़ाबला करने का यही रास्ता है । ऐसा अनुमान है कि दुनिया के 83% लोग प्रकाश से प्रदूषित आसमान के नीचे रहते हैं और दुनिया का 23% जमीनी हिस्सा स्काई ग्लो से प्रभावित है ।

पृथ्वी के घूर्णन के साथ होने वाले दिन – रात से तालमेल बैठाते हुए शरीर की नैसर्गिक जैविक घड़ी को ठीक रखने के लिए अंधेरा आसमान जरूरी है । लाइट ने हमारा जीने का तरीका और अस्तित्व बदल दिया है, पर दूसरी अन्य तकनीक की ही तरह से ज्यादा और गैर जिम्मेदाराना इस्तेमाल समस्याएँ खड़ी कर देता है । प्रकाश का प्रदूषण इंसान व पशुओं के स्वास्थ्य और खगोल विज्ञान पर असर डालता है और ऊर्जा भी व्यर्थ होती है । प्रकाश प्रदूषण हमारे नींद का क्रम बिगाड़ देता है जो कि दूसरी बीमारियों की शुरुआत बन जाता है । ये पक्षियों का पलायन करने का पैटर्न बिगाड़ देता है, समुद्री कछुओं, जुगुनुओं और दूसरे उभयचारियों को प्रभावित करता है । खगोलविदों को ब्रह्मांड के अध्ययन के लिए, लगातार साफ और अंधेरा आसमान खोजना पड़ता है । ऊर्जा संरक्षण और कार्बन उत्सर्जन कम करने के लिए लाइट प्रदूषण कम करना बेहद जरूरी है ।

सुरक्षा संबन्धित नारे –

1 – सुरक्षा सम्बन्धी सोच रखें ।

2 – सुरक्षा हेतु कोई अवकाश नहीं ।

3 – यदि जोखिम पूर्ण लगे तो मत करो ।

4 – सदैव सचेत रहे । दुर्घटनाओं से बचें ।

5 – सुरक्षा अवश्यमभावी हैं ।

6 – सुरक्षा के लिए ध्यान पूर्वक कार्य करें ।

7 – समय महत्वपूर्ण हैं, किन्तु सुरक्षा उससे अधिक महत्वपूर्ण है ।

8 – " सदैव सतर्क रहें, "सुरक्षा का मूल हैं ।

9 – सुरक्षा की धुन पर चलें ।

10 – थोड़ी सी सावधानी मिटाती है, दुर्घटनाओं की नामो – निशानी ।

11 – सुरक्षा के सम्बन्ध में सोचें नहीं, इसका पालन करें ।

12 – सुरक्षा प्रथम, सुरक्षा सदैव ।

13 – दुर्घटनाएँ वहाँ शुरू होती हैं, जहां सुरक्षा खत्म होती है ।

14 – विचार, शब्दों तथा कृत्यों सदैव सुरक्षा सुनिश्चित करें ।

15 – सुरक्षा सुनिश्चित करने के लिए कोई प्रयास बड़ा नहीं है, और सुरक्षा के संवर्धन हेतु उठाया गया प्रत्येक कदम सही दिशा में उठाया गया कदम है ।

16 – कार्य पर भी सुरक्षा हेतु प्रयास करें ।

17 – किसी खतरे का पूर्वानुमान दुर्घटना से बचाव है ।

18 – जोखिमों के प्रति बचाव करें और सुरक्षा हेतु कार्य करें ।

19 - ड्यूटी के दौरान सभी शॉर्ट सर्किट त्याग दें ।

20 – सतत सतर्कता सुरक्षा का मूल्य है ।

21 – जहां सतर्कता समाप्त हुई, वहीं दुर्घटना प्रारम्भ हुई ।

22 – भाग्य पर भरोसा न करें, बजाए इसके सुरक्षा पर करें ।

23 – यदि कोई कार्य आपके लिए कोई बड़ा हो तो सहायता लें, चोटिल न हों ।

24 – कदापि यह मससूस न करें कि आप सुरक्षितहैं ।

25 – मज़ाक विनोद में प्रारम्भ होता है और दुखद अन्त में परिणत हो सकता है ।

26 – जीवन अल्प तथा बहुमूल्य है, इसे लापरवाही से और छोटा न करें ।

27 – कदम बढ़ाने से पहले देख लें ।

28 –अपने जीवन के साथ खिलवाड़ न करें । सुरक्षा का पालन करें ।

29 -

खतरे निम्नलिखित के कारण उत्पन्न होते हैं –

1 - अपर्याप्त वायरिंग

2 - खुले हुए विद्युत पार्ट्स (हिस्से)

3 - खराब इंसुलेशन वाली वायर

4 - भूमिगत विद्युत प्रणालियां तथा उपकरण

5 - गलत पीपीई (पर्सनल प्रोटेक्शन इक्विपमेंट) तथा सुरक्षा उपकरणों का उपयोग करना

6 - ओवर लोडिड सर्किट

7 - क्षति ग्रस्त विद्युत औज़ार तथा उपकरण

8 - ओवर हेड विद्युत लाइनें ।

सभी खतरे गीली (नमी) स्थितियों में और खराब हो जाते हैं । खतरे में परिणत होने वाली कुछ असुरक्षित स्थितियां निम्नानुसार हैं –

1. अपर्याप्त रक्षण ।
2. धोती, कुर्ता, पाजामा जैसी ढीली पोशाक (ड्रेस) तथा चप्पल पहनना ।
3. इलेक्ट्रिकल प्रणाली पर कार्य करने के साथ अर्थ कनेक्शन का अभाव ।

4. दोषपूर्ण औज़ार, उपकरण या आपूर्तियां ।
5. खराब रख – रखाव ।
6. हानिकारक परिवेश (गैस, धूल, लपटें आदि)
7. अत्यधिक शोर
8. खराब प्रकाश व्यवस्था
9. खराव वातायन (वार्तालाप)
10. - प्रचालनशील न होने वाले सुरक्षा उपकरण
11. - हॉर्स प्ले आदि

लोग असुरक्षित व्यवहार क्यों करते हैं ? – ऐसा निम्नलिखित कारणों से हो सकता है –

1. ज्ञान (जानकारी) का अभाव
2. कार्य से असंतुष्टि
3. उचित न होने वाली प्रेरणा
4. व्यक्तिगत समस्या
5. अति आत्मविश्वास

आम स्वास्थ्य समस्याएँ –
एलर्जियां, मधुमेह (डायबिटीज़), दमा (स्वांस रोग), खांसी, सर्दी, गले में खराश, त्वचा संबन्धित विकार, नींद में कठिनाई, अवसाद एवं घबराहट और मोटापा आदि ।
स्वास्थ्य समस्याओं की रोकथाम हेतु सुझाव –

1. स्वस्थ भोज्य पदार्थों का सेवन करें
2. अस्वास्थ्यकर एवं मेठे भोज्य पदार्थों में कटौती कर ।
3. प्रतिदिन पर्याप्त मात्रा में पानी पीकर
4. धूम्रपान एवं मध्यपान से दूर रहकर
5. प्रतिदिन 30 मिनट के लिए, सप्ताह में 4 – 5 बार व्यायाम करके
6. आवश्यकतानुसार छुट्टियाँ लगवाकर/लेकर परिवर्तन
7. योग क्रियाओं एवं ध्यान लगाने का अभ्यास कर
8. सुसंगत का वार्तालाप

आप स्वयं निम्नलिखित बिन्दुओं पर कितने स्वास्थ्य मानकों का पालन करते हैं, इसकी स्वयं विवेचना करें –

1. हर रात कम से कम 7 – 8 घंटे की नींद लेना

2. सुबह उठते हुए सबसे पहले पानी पियें और दिनभर में कम से कम 8 गिलास पानी अवश्य पीयें ।

3. सुबह उठकर और रात को सोने से पहले अपने दाँत साफ करना

4. शौचालय के उपयोग के बाद अपने हाथो को साबुन से धोना

5. प्रतिदिन साबुन से नहाना

6. प्रतिदिन साफ अंदरूनी कपड़े (इनर वीयर) पहनना

7. भोजन करने से पहले अपने हाथ धोना

8. यदि आपको अधिक पसीना आता है तो अपने बगलों में पसीना रोधक दुर्गंधनाशक (डिओडोरेंट) का उपयोग करना

9. अपने हाथ पेरों के नाखूनों को नियमित काटें ।

10. खाँसते या छींकते समय अपनी नाक को रुमाल से ढक लेना ।

11. गंदे कपड़े धुलने के बाद ही पहनना ।

12. भोजन अवश्य करे – नियमित रूप से भोजन करने के सही समय पर भोजन करना ।

13. बाहर बने भोजन (जंक फूड) के बजाय घर के बने भोजन का अधिक सेवन करना ।

14. एयरेटेड (गैस से भरे) पेय पदार्थों के अत्यधिक सेवन से बचें ।

15. प्रतिदिन 30 मिनट के लिए और सप्ताह में कम से कम 5 बार व्यायाम अवश्य करना ।

16. नियमित जांच के लिए डाक्टर से आवश्यक जांच कराना ।

17. बीमार होने पर घर पर ही रहना ताकि संक्रमण न हो सके ।

18. प्रतिदिन कुछ न कुछ अवश्य पढे या सुसंगत करें ।

19. बैठने के बजाय अधिक समय तक खड़े रहें ।

20. सुबह सायं अपने ई मेल या अपने लोगों से कुछ चर्चा अवश्य करें ।

10

कर्मचारी पर कार्य का दबाव और मानसिक सन्तुलन

कर्मचारी पर कार्य का दबाव और मानसिक सन्तुलन

अधिकतर कर्मचारी काम का दबाव अधिक मानते हुए मानसिक सन्तुलन भी खराब कर लेते हैं । परन्तु उपरोक्त जैसी व्यवस्था, आपसी सहयोग से समस्या हल हो जाती है । इसके अतिरिक्त भी साधारण प्रक्रिया में प्रत्येक कर्मचारी को इन विचारों पर सोचना पड़ता है –

1 – स्वयं (खुद) का सोच - कि मुझे कौन – कौन सा कार्य आज करना है ।

2 – अधिकारी का सोच (निर्देश) - जब कर्मचारी कार्यालय (ऑफिस/दफ्तर) जाता है वहां पदस्थ कर्मचारी उसे निर्देश देता है कि यह कार्य आज करना है ।

3 – उपभोक्ता का सोच – जब कर्मचारी कार्यालय पहुंचता है तो वहां उपस्थित उसके क्षेत्र का उपभोक्ता अपनी समस्या का निराकरण चाहता है जो कर्मचारी को आज करना हैं ।

4 - पारिवारिक/सामाजिक सोच – कर्मचारी एक सामाजिक प्राणी हैं, सामाजिकता, पारवारिक ज़िम्मेदारी का भी स्थित अनुसार कार्य करना होता हैं । यह भी कर्मचारी सोचता है ।

उपरोक्त चार प्रकार के सोच के दबाव के कारण कभी – कभी कर्मचारी अपना संतुलन खो देते हैं और कोई भी कार्य न होने से और मानसिकता बिगड़ती है । जिसका निराकरण केवल स्वयं का सोच और आपसी चर्चा, सहयोग ही है ।

अक्सर जब हम श्रीमद भगवत गीता "पुस्तक पर चर्चा करते हैं और गहराई के बिन्दुओं को छोड़कर सामान्य चर्चा यह आती है कि जब भी कोई असुविधा/परेशानी/कठिनाई हो तो आपस में चर्चा कर एक दूसरे का सहयोग करे । दोनों (अर्जुन और श्रीकृष्ण) के विचार एक दूसरे के विपरीत (एक कहता है कि लड़ाई नहीं लड़ना/कार्य नहीं करना, दूसरा कहता

है लड़ाई लड़ना/कार्य करना) जिसके लिए इस पुस्तक में 18 अध्याय और 700 श्लोक हैं । जिससे आपसी चर्चा से यह निश्चय हुआ कि लड़ाई लड़ी (कार्य किया) जावे । परिणाम सबको मालूम है । और तभी कहते हैं कि योग करो न करो परन्तु एक दूसरे को सहयोग अवश्य करो । सारथी बनो या न बनो परन्तु सहयोगी अवश्य बनो ।

उदाहरण – एक कर्मचारी उपरोक्त वर्णित स्थिति के अनुसार चार सोचो (कार्यों) के साथ अपने दैनिक कार्यों पर जाता है –

पहला स्वयं का सोच – मुझे राजस्व (बिल) बसूली करना है ।

दूसरा सोच अधिकारी का – कर्मचारी को बिल जमा न करने वालों के कनेक्शन काटना है ।

तीसरा सोच – उपभोक्ता का – कर्मचारी से उसे अपने घर बिजली न आने की समस्या ठीक करानी है ।

चौथा सोच – पारिवारिक/सामाजिक – पारिवारिक घरेलू सामान लाना अथवा शाम को एक सामाजिक कार्यक्रम में उपस्थित होना ।

समझदार कर्मचारी वह है जो समयानुसार उसके कार्य क्षेत्र में जो कार्य पहले आता है उसे करता हुआ तीनों विभागीय कार्य कर लेता है अथवा परिस्थिति अनुसार पहले उपभोक्ता की शिकायत, बकायादार उपभोक्ता के कनेक्शन काटते हुए राजस्व (बिल) वसूली के कार्य कर लेता है और शाम को पारिवारिक/सामाजिक कार्य संपादित कर प्रसन्न चित रहता । अन्यथा तरह तरह के तर्क - वितर्क/सोच - विचार के कारण अपने कार्य न करने की कारण मानसिक सन्तुलन खो बैठता है ।

प्रायः दो कहावत चर्चित होती हैं - 1- अकेला चना भाड़ नहीं फोड़ सकता और 2 – एक मछली सारे तालाब को गंदा कर देती है । सोंचें दोनों एक दूसरे के विरोधी विचार हैं । एक अच्छा कर्मचारी कितनी मेहनत करे सफलता नहीं मिलती हैं, एक कर्मचारी की गलती/गलतियों से पूरा विभाग बदनाम होता है । इसका निराकरण है आपसी सहयोग ।

उदाहरण – एक 33/11 केवी विद्युत उप केन्द्र से 6 नम्बर 11 केवी फीडर निकलते हैं इन सभी फीडरों की देखभाल के लिए एक फीडर पर एक ही कर्मचारी पदस्थ है जो उसका संचालन एवं संधारण के साथ अन्य विभागीय कार्य भी करता है । संधारण हेतु और कर्मचारी न मिलने से फीडरों का मेंटीनेंस नहीं हो पा रहा है, सभी 6 फीडरों आपूर्ति व्यवस्था से कर्मचारी एवं उपभोक्ता परेशान हैं । एक विशेष विवेचना के समय सभी फीडरों की ट्रिपिंग जानकारी निम्नानुसार है : -

क्रमांक, - फीडर का नाम, - फीडर कर्मचारी नाम, - एक माह फीडर पर ट्रिपिंग संख्या, - निराकरण (फीडर मेंटीनेंस क्रम)

1. - फीडर नम्बर एक, - अ, - 47, - च - 6 (छठवां सप्ताह)

2. - फीडर नम्बर दो, - आ, - 68, - घ – 4 (चौथा सप्ताह)

3. - फीडर नम्बर तीन, - इ, - 92, - क – 1 (पहला सप्ताह)

4. - फीडर नम्बर चार, - ई, - 76, - ग – 3 (तीसरा सप्ताह)

5. - फीडर नम्बर पांच, - उ, - 57, - इ- 5 (पांचवा सप्ताह)

6. - फीडर नम्बर छः, - ऊ, - 82, - ख – 2 (दूसरा सप्ताह)

समस्या निराकरण – फीडर संधारण (मेंटीनेंस) – उपरोक्त से स्पष्ट है कि सभी 11 फीडरों पर ट्रिपिंग संख्या अधिक होने से बिजली व्यवस्था सुचारु रूप से नहीं हो रही हैं । एक फीडर पर एक ही कर्मचारी है जिसे और भी विभागीय कार्य करने होते हैं, और कर्मचारी भी उपलब्ध नहीं हो पा रहे हैं । ऐसे में कहते है कि अकेला चना भाड़ नहीं फोड़ सकता हैं । आपसी चर्चा एवं सहयोग से यह निष्कर्ष निकला कि सभी 6 फीडरों के कर्मचारी सप्ताह के एक दिन बुधवार को इकट्ठे (एकत्रित) होकर एक फीडर का मेंटीनेंस करेंगे । उससे पहले प्रत्येक फीडर से सम्बन्धित कर्मचारी अपने फीडर की ग्राउंड पेट्रोलिंग कर यह जानकारी तैयार कर लेगा कि फीडर से सम्बन्धित क्या – क्या कार्य होने जरूरी हैं । जिनमें मुख्य कार्य – पेड़ की टहनियाँ/डालियां छांटना, ढीले/खराब जम्पर बदलना, पिन/डिस्क इंसुलेटर बदलना, वी क्रॉस आर्म, टॉप क्लैम्प, डीपी चैनल, पोल आदि सीधा करना, ढीले तार खींचना, स्टे संबन्धित कार्य और अन्य कार्य जो जरूरी हैं ।

यह सब करने के बाद सबसे पहले उस फीडर का संधारण (मेंटीनेंस) करना है जिस पर सबसे अधिक ट्रिपिंग हो रही हैं फिर ट्रिपिंग के घटते क्रम में उपरोक्त सारणी अनुसार फीडर का मेंटीनेंस करेंगे तब केवल 6 सप्ताह के 6 दिन (बुधवार) में अकेले उन्हीं कर्मचारियों ने अपने सभी फीडरों का संचालन (मेंटीनेंस) कर लिया । आपसी सहयोग से सभी फीडरों के संधारण होने से निश्चित रूप से ट्रिपिंग कम होगी और बिजली व्यवस्था में सुधार आयेगा । किसी के द्वारा कोई अतिरिक्त कार्य नहीं करना पड़ा और सभी के फीडरों का संधारण भी हो गया । परन्तु प्रत्येक कर्मचारी अपने – अपने फीडर पर 6 दिनों में इतना संधारण कार्य नहीं कर सकेगा क्योंकि कहावत है कि अकेला चना भाड़ नहीं फोड़ सकता ।

लेखक

लेखक
https://www.jatland.com/
w/images/f/f3/
Ranvir_Singh_Tomar-27.jpg

रनवीर सिंह (तोमर) आत्मज स्व. श्री दिलीप सिंह

बी.ई. (इलेक्ट्रिकल), एफ.आई.ई., चार्टर्ड इंजिनियर .

जन्म – 02 जुलाई 1955

जन्म स्थान - गांव - नगला भूपसिंह, डाकघर - पिसावा, जिला अलीगढ़, उत्तर प्रदेश 202155.

शिक्षा – बी. एस सी. इंजीनियरिंग (इलेक्ट्रिकल) अलीगढ़ मुस्लिम यूनिवर्सिटी अलीगढ़ उ.प्र. (1978).

सेवा – मध्य प्रदेश विद्युत मंडल (1979 से 2015), 36 वर्ष, सेवानिवृत्त - अति. मुख्य अभियन्ता.

वर्तमान – फेकल्टी मेंम्बर पावर डिस्ट्रीब्यूशन ट्रेनिंग सेंटर भोपाल.

वर्तमान निवास – मकान न. डुप्लेक्स - 11, कुटुम्ब अपार्टमेंट बलवन्त नगर, यूनिवर्सिटी रोड ठाठीपुर, ग्वालियर म.प्र. 474002.

अभिरुचि – पुस्तक अध्ययन, इलेक्ट्रिकल विषयों पर लेक्चर देना, सामाजिक गतिविधियाँ, वृक्षारोपण कार्य आदि.

अणु डाक – er.rsingh55@gmail.com , चलित दूरभाष +91 9425137463 .

प्रकाशित पुस्तकें – चौरासी का चक्कर, ऊर्जा संरक्षण एवं अक्षय ऊर्जा, विद्युत – सुरक्षा एवं उपचार, जाट संत, विद्युत वितरण संचालन और संधारण, जटवारा चम्बल सिंध, ज्योतिष और भारतीय पर्व, विद्युत ऊर्जा मीटर, अर्थिंग (भू संयोजन), विद्युत वितरण ट्रांसफार्मर, जाट कवि, विद्युत उपकेन्द्र, तोमर (तंवर – तनवर), जाट बलिदानी, जाट राज्यपाल, जाट मुख्यमंत्री (प्रकाशक – नोशन प्रेस/Notion Press, वितरक – नोशन प्रेस, अमेज़न, फिल्पकार्ट).